まとめて冷凍！→アレンジするだけ！

スグでき！離乳食アイデアBOOK

太田百合子 監修
上島亜紀 料理

ナツメ社

プロローグ

面倒な離乳食よ、さらば！

フープロ＆フリージング、レンチン調理でラクラク離乳食革命！

離乳食はなぜ必要なのでしょうか。それは、栄養補給であり、噛む力や味覚を育てること、食習慣の基礎を作ることなどから食べる楽しさを伝えていくためです。

離乳食を上手に進めるには、赤ちゃんの発達の目安を参考にしながら目の前にいる赤ちゃんの様子に合わせてステップアップしていきます。

これらを全部考えながら作るのは大変そうですね。しかし、便利な調理器具を使いこなせば案外簡単にできるかもしれません。この本ではフードプロセッサー、電子レンジなどを利用して、できるときにまとめて作り、フリージングしておくことで食べさせたいときに簡単にできる方法を提案しています。さらに大人の料理から取り分けができて親子で楽しめる料理を紹介しています。取り分けるタイミングさえわかればいろいろと応用できそうです。でも、手作りに疲れたときは無理せずに市販のベビーフードを利用しても大丈夫。子どもの前では笑顔でいることが大切ですから、正しい手抜き術を身につけてください。

太田百合子

この本の特徴

1 週末にまとめて素材フリージング & 当日レンチンで超時短!

子育てしながらの離乳食作りはとても大変。食材をゆでて裏ごしたり、小さく切ったりするだけでも一苦労。かたさや大きさも考えながら…となると、いつの間にかヘトヘトに。本書で紹介する離乳食は、びっくりするほど簡単！　週末にまとめてフリージングし、食べる直前に電子レンジでチンすればOKなものばかりなので、離乳食作りの常識が変わります！

2 毎日悩まない! 献立カレンダー

食事回数が増えるとともに、毎食、何を食べさせようかと悩みのタネに。そこで素材をフリージングしたものから、平日1週間のバランスのとれる献立にする方法をわかりやすく紹介しています。この本の通りに作ってみると、栄養も食べやすさも兼ね備えた、赤ちゃんが喜ぶ離乳食作りが可能に。離乳食のステップアップのコツや献立のPOINTも参考にしてください。

3 離乳食のきほんや栄養のこともよくわかるから安心!

離乳食作りをとにかく簡単に！とはいえ、適当すぎるのはNG。赤ちゃんは、口の形状や動き、消化器官が未発達なので、成長に合わせて進めていく必要があります。月齢ごとに食べられるかたさや大きさ、食材などの増やし方などを解説しているので「離乳食のきほん」と栄養素のバランスのとり方を身につけましょう。

スグでき！

まとめて冷凍！→アレンジするだけ！

離乳食アイデアBOOK

目次

2…プロローグ
3…この本の特徴

Part1 離乳食のきほん

8…❶離乳食の進め方とかたさの目安
10…❷栄養バランスのことを知りましょう
12…❸OK食材＆NG食材
14…❹レンジでチン！で簡単！だし＆スープレシピ
和風だし／野菜だし／うまみだし

16…column フリージングのきほん／
離乳食作りにあると便利な道具

Part2 5、6ヵ月頃の離乳食ラクテク！

18…5、6ヵ月頃の離乳食のきほん

素材フリージング&離乳食

1週目
20…おかゆ

2週目
21…かぶ
かぶの和風がゆ／かぶのミルクポタージュ
22…かぼちゃ
かぼちゃと豆腐のとろ煮／かぼちゃのおかゆ
23…果物（バナナ・りんご）
バナナのマッシュ／りんごのにんじん煮
24…小松菜
小松菜のとろとろ煮／小松菜とバナナのすりおろし
25…にんじん
にんじんと豆腐のペースト／にんじんとりんごのペースト
26…大根
大根のミルクポタージュ／大根のうどんがゆ
27…トマト
トマトの野菜スープ煮／トマトのおかゆ
28…キャベツ
キャベツとさつまいものマッシュ／キャベツとしらすのだし煮
29…じゃがいも
じゃがいもとかぶのだし煮／じゃがいものパンがゆ
30…さつまいも
さつまいもとりんごのマッシュ／さつまいものパンがゆ
31…そうめん・うどん
かぶのそうめんがゆ／小松菜としらすのうどんがゆ
32…食パン
豆乳パンがゆ／にんじんのパンがゆ

3週目
33…白身魚
白身魚のすり流し／白身魚とじゃがいものマッシュ
34…しらす
しらすとかぶのスープ煮／しらすのミルクパンがゆ

35…column 離乳食で気をつけたい食べ物

フリージングで！ 5、6ヵ月頃の献立カレンダー

36…1週目
37…2週目　フリージングLIST／月曜日／火曜日
38…2週目　水曜日／木曜日／金曜日
39…3～4週目　フリージングLIST／月曜日／火曜日
40…3～4週目　水曜日／木曜日／金曜日
41…5週目　フリージングLIST／月曜日
42…5週目　火曜日／水曜日
43…5週目　木曜日／金曜日

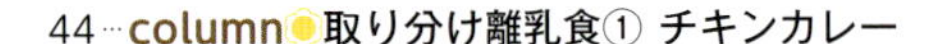

44…column 取り分け離乳食① チキンカレー

Part3 7、8ヵ月頃の離乳食アイデア&レシピ

46…7、8ヵ月頃の離乳食のきほん

素材フリージング

炭水化物

48…おかゆ／うどん／食パン

たんぱく質

48…ゆで卵の黄身

49…鶏肉／赤身魚／ツナ缶・鮭缶／高野豆腐

ビタミン・ミネラル

50…グリーンアスパラガス／オクラ／かぶ／かぼちゃ

51…ズッキーニ／玉ねぎ／トマト／にんじん

52…パプリカ／ピーマン／ブロッコリー／じゃがいも

53…さつまいも／わかめ／バナナ

キューブ×キューブでレンジでチン！ 離乳食

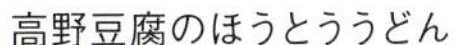

炭水化物

54…納豆ごはん／わかめとささみのおかゆ

55…シーフードチャウダーパンがゆ／野菜うどん／
高野豆腐のほうとううどん

たんぱく質＋ビタミン・ミネラル

56…まぐろとにんじんとさつまいもの煮物／
わかめと高野豆腐のとろとろ煮／納豆のカラフルサラダ

57…まぐろとわかめとパプリカ和え／アスパラと鶏と豆腐のとろとろ煮／
まぐろとアスパラとお麩の煮物

58…ズッキーニとツナの煮物／鮭とグリーン野菜の温サラダ／
高野豆腐とオクラのとろとろスープ

59…ピーマンとまぐろのうどんがゆ／
ツナとかぼちゃとにんじんのサラダ／アスパラと鮭のクリーム煮

ビタミン・ミネラル

60…ズッキーニのガスパチョ風／パプリカとさつまいものポタージュ／
チーズとブロッコリーのマッシュポテト

61…ブロッコリーのマッシュ／オクラとかぶのすり流し／
ズッキーニとかぼちゃのマッシュ

フリージングで！ 7、8ヵ月頃の献立カレンダー

63…パターンA　フリージングLIST／月曜日

64…パターンA　火曜日／水曜日

65…パターンA　木曜日／金曜日

66…パターンB　フリージングLIST／月曜日

67…パターンB　火曜日／水曜日

68…パターンB　木曜日／金曜日

Part4 9～11ヵ月頃の離乳食アイデア&レシピ

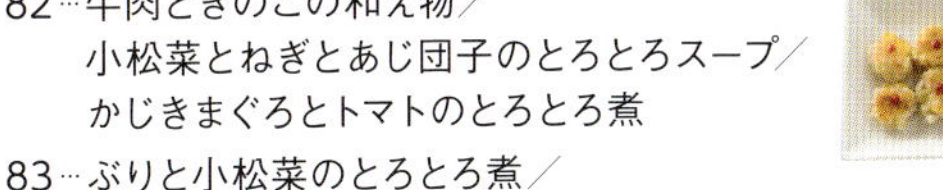

70…9～11ヵ月頃の離乳食のきほん

素材フリージング

炭水化物

72…おかゆ／うどん／スパゲッティ

73…そうめん／中華麺／春雨／食パン

たんぱく質

74…鶏肉／豚肉／牛肉／あじ

75…かじきまぐろ／ぶり／卵

ビタミン・ミネラル

76…枝豆／かぼちゃ／小松菜／さやいんげん

77…玉ねぎ／長ねぎ／にんじん／さつまいも

78…里いも・じゃがいも／きのこ／ひじき／
もずく・めかぶ

キューブ×キューブでレンジでチン！ 離乳食

栄養ミックス

79…豆としらすのごはん／きのこと卵の雑炊

80…ミートパスタ／牛肉といんげんの焼きそば／
あじ団子のけんちんうどん

たんぱく質＋ビタミン・ミネラル

81…鶏とさつまいものミートボール／里いもと鶏のトマトスープ／
豚と納豆のそぼろ

82…牛肉ときのこの和え物／
小松菜とねぎとあじ団子のとろとろスープ／
かじきまぐろとトマトのとろとろ煮

83…ぶりと小松菜のとろとろ煮／
ぶりと里いものひと口お好み焼き／卵とかぼちゃのポタージュ

ビタミン・ミネラル

84…いんげんとにんじんの納豆和え／かぼちゃのごま和え／
かぼちゃボール

85…里いも団子の和風あんかけ／
じゃがいもとにんじんのポテトフライ風／きのこのポタージュ

86…枝豆団子／もずくとトマトのスープ／
ひじきとさつまいものお焼き

フリージングで！ 9～11ヵ月頃の献立カレンダー

88…フリージングLIST

89…月曜日

90…火曜日

91…水曜日

92…木曜日

93…金曜日

94…column 取り分け離乳食② 寄せ鍋

Part5 1才～1才半頃の離乳食アイデア&レシピ

フリージングで！ 1才～1才半頃の献立カレンダー

117…フリージングLIST
118…月曜日
119…火曜日
120…水曜日
121…木曜日
122…金曜日

column 具合が悪いときの離乳食

123…症状1　風邪をひいたとき
124…症状2　下痢・嘔吐のとき
125…症状3　便秘のとき
126…症状4　夏バテのとき

column 赤ちゃんも大喜び♪ アニバーサリー離乳食

127…6ヵ月のお祝いにカラフル離乳食プレート／
1才のお祝いはパンケーキプレート

96…1才～1才半頃の離乳食のきほん

素材フリージング

ミックス野菜

98…和風ミックス野菜①／洋風ミックス野菜①
99…和風ミックス野菜②／洋風ミックス野菜②／
ミックスきのこ

ビタミン・ミネラル

100…青菜／アボカド／ごぼう・れんこん／たけのこ
101…にんじん／ブロッコリー／きくらげ／干ししいたけ

食べるときにレンジでチンするだけ！ 冷凍作りおき主食

102…しらすおにぎり／納豆巻き／チャーハン風
103…お好み焼き／焼きそば／ミートソーススパゲッティ

炭水化物

104…軟飯／やわらかうどん／やわらか中華麺／
やわらかスパゲッティ・やわらかマカロニ／
カット食パン／バターロール

たんぱく質のミックスボール

105…ミートボール
106…えびボール／つみれ

たんぱく質

107…ソーセージ・ハム／さば／えび／厚揚げ

キューブ×キューブでレンジでチン！ 離乳食

栄養ミックス

108…赤ちゃんチキンカレー／中華丼
109…ちらし寿司風／きのこのグラタン／
ごぼうとツナの和風パスタ

たんぱく質

110…さばのマヨパン粉焼き

たんぱく質 ＋ ビタミン・ミネラル

110…ねばねば若竹煮／ソーセージとれんこん炒め
111…ミネストローネ／ブロッコリーとえびのチリソース風／
えびとれんこんと干ししいたけのだし煮
112…いわしのつみれ汁／にんじんのチヂミ／
厚揚げの麻婆
113…治部煮／白身魚の和風あんかけ／ごぼうと鶏肉のそぼろ
114…れんこんの和風つくね／煮込みハンバーグ／
えびボールの中華あんかけ
115…厚揚げと根菜の炒め煮

ビタミン・ミネラル

115…きのこミルクスープ／青菜のおかか和え

この本の使い方

- 「授乳・離乳の支援ガイド」を目安に、素材フリージングは作りやすい分量に、離乳食は1人分を基本としています。赤ちゃんの食べる量は個人差があるので、お子さんに合ったペースで進めましょう。
- この本は食物アレルギーのないお子さんを対象にしています。食物アレルギーがあるお子さんや、食物アレルギーのリスクがあるお子さんは医師の指導に従いましょう。
- 計量単位は1カップ200ml、大さじ1＝15ml、小さじ1＝5ml、米1合＝180mlとしています。
- 電子レンジは600Wを基本としています。500Wの場合は加熱時間を1.2倍にしてください。
- 「1さじ」とは小さじ1のことです。赤ちゃんスプーンで2～3杯を目安にしてください。
- 水溶き片栗粉で片栗粉と水の割合の記載がないものは片栗粉と水を1対2で混ぜたものを使いましょう。
- 「湯冷まし」は沸騰させた湯を冷ましたものです。ミネラルウォーターは使わずに水道水を使いましょう。
- ベビーフードは「BF」と記載しています。
- 「フープロ」はフードプロセッサーにかけること、「レンチン」はレンジ加熱することを示しています。
- 湯で溶いた粉ミルクを使うときは、パッケージの表示通りの分量の湯で溶きましょう。

赤ちゃんの
ごはんのかたさは
どれくらい？

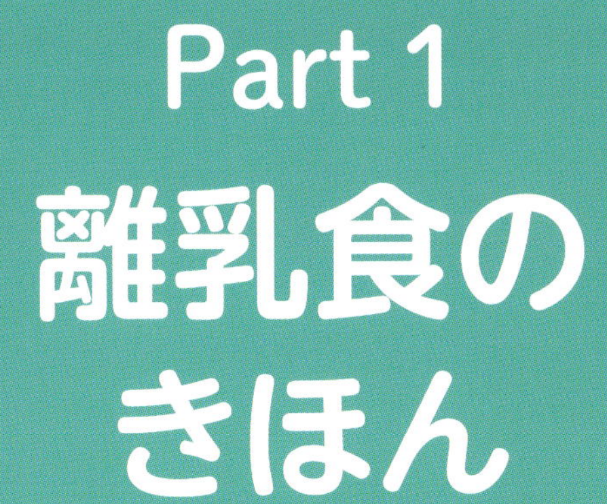

Part 1
離乳食のきほん

栄養バランスは
どうしたらいい？

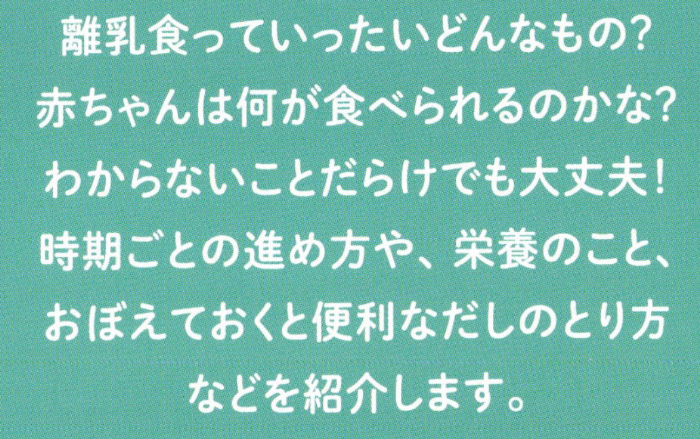

離乳食っていったいどんなもの？
赤ちゃんは何が食べられるのかな？
わからないことだらけでも大丈夫！
時期ごとの進め方や、栄養のこと、
おぼえておくと便利なだしのとり方
などを紹介します。

赤ちゃんが
食べたら
ダメなものは？

離乳食のきほん①

離乳食の進め方とかたさの目安

離乳食は赤ちゃんの舌の動き、歯の本数、消化機能の発達に合わせて、4つの時期に分けられます。
それぞれの赤ちゃんの様子と、かたさ&大きさを見ていきましょう。

5、6ヵ月頃

赤ちゃんの食べる様子

ゴックンと飲み込むことが上手になります

支えるとお座りができるようになります。舌を前後に動かして、食べ物を奥に移動させて飲み込むことができるようになります。

食べさせ方

赤ちゃんの様子を見ながら1さじから

大人が食べている様子をじっと見たり、食べたそうにしていたりしたら、離乳食スタート。様子を見ながら1さじずつがきほんです。

かたさ

なめらかにすりつぶしたポタージュ状

1日の回数

離乳食	1回→（慣れてきたら）2回
母乳・育児用ミルク	母乳は欲しがるとき ミルクは5～6回

1回あたりの目安量

10倍がゆのすりつぶしから始める。

↓

すりつぶした野菜なども試してみる。

↓

慣れてきたら、つぶした豆腐・白身魚などを試してみる。

7、8ヵ月頃

赤ちゃんの食べる様子

唇を閉じて、モグモグするようになります

舌を上下に動かせるようになり、上あごに食べ物を押しあててつぶせるようになります。

食べさせ方

1日2回同じ時間帯に食べる習慣を

なるべく同じ時間帯に離乳食を食べさせる習慣を。いろいろな食材をとり入れ、様々な味や舌ざわりを経験させることで食べる楽しみが身につきます。

かたさ

豆腐ぐらいの舌でつぶせるかたさ

1日の回数

離乳食	2回
母乳・育児用ミルク	母乳は欲しがるとき ミルクは5回

1回あたりの目安量

Ⅰ	穀類	7倍がゆ50g～80g
Ⅱ	野菜・果物	20～30g
Ⅲ	魚	10～15g
Ⅲ	または肉	10～15g
Ⅲ	または豆腐	30～40g
Ⅲ	または卵	卵黄1個～全卵⅓個
Ⅲ	または乳製品	50～70g

発達のスピードはそれぞれ。ゆったりとした気持ちで進めましょう

赤ちゃんの発達と離乳食は、下の表のようにステップアップしますが、あくまでも目安です。体の発育・発達と同様に、離乳食の進み方も個人差があります。表の通りに進まなくても焦らず、ゆったりとした気持ちで進めましょう。

1才〜1才半頃

手づかみでパクパク食べるようになります

自分で食べたい気持ちから「手づかみ食べ」が盛んになります。舌を動かすのがスムーズになり、食べ物を前歯で噛み切ることもできるようになります。

1日3回とおやつは1日1〜2回に

1日3回、朝、昼、夜と規則正しい時間に設定を。手づかみ食べや、スプーンの練習をしながら、自分で食べる楽しみをおぼえて。おやつもとり入れます。

煮込みハンバーグぐらいを歯茎で噛めるかたさ

離乳食		3回
母乳・育児用ミルク		母乳は2〜3回→卒乳へ ミルクは2回
Ⅰ	穀類	軟飯90g〜ごはん80g
Ⅱ	野菜・果物	40〜50g
Ⅲ	魚	15〜20g
	または肉	15〜20g
	または豆腐	50〜55g
	または卵	全卵½〜⅔個
	または乳製品	100g

9〜11ヵ月頃

歯茎でカミカミするようになります

舌を上下左右に動かし、食べ物を端に寄せ、歯茎を使って食べ物をつぶすことができるようになり、小さなものをつまんで食べられるようになります。

1日3回食になり、徐々に家族と同じ時間帯に

1日3回食に進みますが、最初は、2回食の時間帯と、夕方の3回に。慣れたら家族と一緒の時間に食べるようにしましょう。

バナナぐらいの歯茎でつぶせるかたさ

離乳食		3回
母乳・育児用ミルク		母乳は5〜8回 ミルクは4〜5回
Ⅰ	穀類	5倍がゆ90g〜軟飯80g
Ⅱ	野菜・果物	30〜40g
Ⅲ	魚	15g
	または肉	15g
	または豆腐	45g
	または卵	全卵½個
	または乳製品	80g

離乳食のきほん②

栄養バランスのことを知りましょう

栄養バランスのことは、いつ頃から意識したらよいのでしょうか。
赤ちゃんに必要な栄養のきほんをおさえましょう。

7、8ヵ月頃までは食べることに慣れるとき。9ヵ月頃からは、栄養を意識しましょう

離乳食スタートの5、6ヵ月頃は、栄養というよりは、とろみのあるポタージュ状に慣れさせ、ゴックンと飲み込む練習のとき。また、7、8ヵ月頃も、食品の種類と数は増えますが、食べることに慣れさせることが目的なので栄養バランスや量は気にしなくてOK。9ヵ月頃からは、1日3回食となり、エネルギーや栄養を主に食事からとるようになるので、少しずつ意識して。1才頃には、食べる量がさらに増えるので、栄養バランスに配慮を。炭水化物の主食、たんぱく質の主菜、ビタミン、ミネラルの副菜の3つの皿数を組み合わせてとり入れましょう。

ベビーフード活用のススメ

栄養を意識する時期こそ、活用したいベビーフード。不足しがちな栄養素をフォローできます。

不足しがちな栄養素を補う

9ヵ月頃は貧血を起こしやすいので、鉄の多いレバーと緑黄色野菜を使ったものが便利。

離乳食では不足しがちなカルシウムや鉄を多く含むフォローアップミルクを利用するのもおすすめ。

とろみづけや味つけに

離乳食を食べやすくするための、とろみづけや味つけにもおすすめ。ホワイトソースなどは粉末なので使いやすいです。

粉末のとろみのもとや果汁など種類も豊富なので、離乳食のバリエーションも広がります。

9ヵ月頃から意識したい栄養バランス。きほんになる栄養のことをおぼえましょう。

ビタミン・ミネラル 副菜

体の調子を整える 野菜・海藻・きのこなど

緑黄色野菜や果物、海藻、きのこ類などを使った「副菜」は小さいおかず。体の調子を整えます。免疫力を高めたり、骨や歯を丈夫にする働きも。

たんぱく質 主菜

血や肉をつくる 魚、肉、卵、大豆製品

魚や肉、卵、豆・大豆製品に多く含まれるたんぱく質を使った「主菜」はメインのおかず。血や肉を作るために欠かせない栄養素です。

炭水化物 主食

体を動かすエネルギーのもとになる ごはん、パン、麺、いも類など

ごはんやパン、麺類、いも類には炭水化物が豊富。体を動かすためのエネルギーとなり、体の成長や生命の維持に必要です。

ビタミン・ミネラル 汁物

野菜、きのこ、海藻を中心に、たんぱく質を加えて具だくさんに

汁物は野菜だけでなく、肉や魚介類、卵、大豆製品を一緒に煮て作るから栄養満点の一皿に。ビタミン、ミネラルだけでなく、たんぱく質補給にも◎。

離乳食のきほん③

OK食材&NG食材

時期ごとに食べられるOK食材と食べられないNG食材。ここでしっかりと把握しておきましょう。

○…食べられるもの　△…調理法や量に注意して食べさせたいもの　×…食べられないもの

分類	種類	食材	5、6カ月頃	7、8カ月頃	9～11カ月頃	1才～1才半頃
たんぱく質	魚介類	ぶりなど脂の多い魚	×	×	○	○
たんぱく質	魚介類	あじ・いわし・さばなどの青魚	×	×	○	○
たんぱく質	魚介類	さわら	×	×	○	○
たんぱく質	魚介類	牡蠣	×	×	○	○
たんぱく質	魚介類	えび・かに	×	×	△	○
たんぱく質	魚介類	桜えび	×	×	△	○
たんぱく質	魚介類	ほたて	×	×	×	○
たんぱく質	魚介類	はんぺん	×	×	×	○
たんぱく質	魚介類	塩鮭・鮭フレーク	×	×	×	△
たんぱく質	魚介類	ししゃも・ほっけなどの干物	×	×	×	△
たんぱく質	魚介類	あさり・しじみ	×	×	×	△
たんぱく質	魚介類	はまぐり	×	×	×	△
たんぱく質	魚介類	ちくわ・かまぼこ・かに風味かまぼこ	×	×	×	△
たんぱく質	魚介類	つみれ・さつま揚げ・魚肉ソーセージ	×	×	×	△
たんぱく質	魚介類	いくら・たらこ	×	×	×	△
たんぱく質	魚介類	いか・たこ	×	×	×	×
たんぱく質	大豆・大豆製品	絹ごし豆腐・木綿豆腐	○	○	○	○
たんぱく質	大豆・大豆製品	豆乳	○	○	○	○
たんぱく質	大豆・大豆製品	きな粉	△	○	○	○
たんぱく質	大豆・大豆製品	納豆	×	○	○	○
たんぱく質	大豆・大豆製品	高野豆腐	×	○	○	○
たんぱく質	大豆・大豆製品	焼き豆腐	×	×	△	○
たんぱく質	大豆・大豆製品	厚揚げ・油揚げ	×	×	×	○
たんぱく質	大豆・大豆製品	大豆（水煮）	×	×	△	△
たんぱく質	大豆・大豆製品	おから・がんもどき	×	×	×	△
たんぱく質	卵・乳製品	牛乳	×	○	○	○
たんぱく質	卵・乳製品	カッテージチーズ・粉チーズ	×	○	○	○
たんぱく質	卵・乳製品	プレーンヨーグルト	×	○	○	○
たんぱく質	卵・乳製品	卵	×	△	○	○
たんぱく質	卵・乳製品	プロセスチーズ・クリームチーズ・ピザ用チーズ	×	×	○	○
たんぱく質	卵・乳製品	コンデンスミルク	×	×	×	△
たんぱく質	卵・乳製品	生クリーム	×	×	×	△
たんぱく質	卵・乳製品	カマンベールチーズ	×	×	×	×
ビタミン・ミネラル	野菜類	オクラ	○	○	○	○
ビタミン・ミネラル	野菜類	かぼちゃ	○	○	○	○
ビタミン・ミネラル	野菜類	キャベツ	○	○	○	○
ビタミン・ミネラル	野菜類	小松菜・ほうれん草	○	○	○	○
ビタミン・ミネラル	野菜類	大根・かぶ	○	○	○	○

分類	種類	食材	5、6カ月頃	7、8カ月頃	9～11カ月頃	1才～1才半頃
炭水化物	穀類	米	○	○	○	○
炭水化物	穀類	うどん	○	○	○	○
炭水化物	穀類	そうめん	○	○	○	○
炭水化物	穀類	食パン	○	○	○	○
炭水化物	穀類	麩	○	○	○	○
炭水化物	穀類	コーンフレーク	×	○	○	○
炭水化物	穀類	オートミール	×	○	○	○
炭水化物	穀類	スパゲッティ・マカロニ	×	△	○	○
炭水化物	穀類	中華麺	×	×	△	○
炭水化物	穀類	春雨	×	×	△	○
炭水化物	穀類	ビーフン	×	×	△	○
炭水化物	穀類	ロールパン・クロワッサン・フランスパン	×	△	△	△
炭水化物	穀類	玄米	×	×	×	△
炭水化物	穀類	もち・もち米	×	×	×	×
炭水化物	穀類	そば	×	×	×	×
炭水化物	いも類	さつまいも	○	○	○	○
炭水化物	いも類	じゃがいも	○	○	○	○
炭水化物	いも類	里いも	×	○	○	○
炭水化物	いも類	長いも・山いも	×	△	△	○
炭水化物	いも類	こんにゃく・しらたき	×	×	×	×
たんぱく質	肉	鶏ささみ・鶏ひき肉	×	△	○	○
たんぱく質	肉	鶏むね肉・鶏もも肉	×	△	○	○
たんぱく質	肉	豚ひき肉	×	△	○	○
たんぱく質	肉	牛赤身肉・牛ひき肉	×	△	○	○
たんぱく質	肉	レバー（鶏・豚・牛）	×	△	○	○
たんぱく質	肉	鶏手羽先・鶏手羽元	×	×	○	○
たんぱく質	肉	豚もも肉・豚ロース肉	×	×	○	○
たんぱく質	肉	ベーコン	×	×	△	△
たんぱく質	肉	ソーセージ・ハム・コンビーフ	×	×	×	○
たんぱく質	肉	豚バラ肉	×	×	×	△
たんぱく質	魚介類	ひらめ・かれい	○	○	○	○
たんぱく質	魚介類	しらす干し	○	○	○	○
たんぱく質	魚介類	たい・たら	○	○	○	○
たんぱく質	魚介類	鮭・サーモン	×	○	○	○
たんぱく質	魚介類	ツナ缶	×	○	○	○
たんぱく質	魚介類	かつお節	△	△	○	○
たんぱく質	魚介類	かじきまぐろ	×	△	○	○
たんぱく質	魚介類	かつお・まぐろなどの赤身魚	×	△	○	○

分類		食材	5、6カ月頃	7、8カ月頃	9〜11カ月頃	1才〜1才半頃
ビタミン・ミネラル	果物	ブルーベリー	×	○	○	○
		プルーン・レーズン	×	×	△	○
		いちじく	×	×	×	○
		グレープフーツ・ライム・レモン	×	×	×	○
		缶詰の果物	×	×	×	○
		ジャム	×	×	×	○
		アボカド	×	×	×	△
		南国フルーツ(マンゴー・ライチなど)	×	×	×	×
	種実類	ごま	×	△	○	○
		栗	×	×	×	○
		くるみ・ピーナッツ	×	×	△	△
調味料・香辛料		ゼラチン・寒天	△	△	○	○
		BF(和風、鶏がら、コンソメなど)	△	△	△	△
		砂糖	×	×	○	○
		塩・しょうゆ・みそ	×	×	○	○
		サラダ油・ごま油	×	×	○	○
		オリーブ油	×	×	○	○
		バター・マーガリン	×	×	○	○
		メープルシロップ	×	×	○	○
		マヨネーズ	×	×	△	○
		トマトケチャップ(無添加のもの)	×	×	△	○
		酢	×	×	△	△
		みりん・料理酒	×	×	△	△
		黒砂糖	×	×	×	○
		はちみつ	×	×	×	○
		中濃ソース・オイスターソース	×	×	×	△
		めんつゆ	×	×	×	△
		ポン酢しょうゆ	×	×	×	△
		カレー粉・カレールウ(甘口)	×	×	×	△
		ドレッシング	×	×	×	△
		焼肉のたれ	×	×	×	×
		からし・こしょう・七味唐辛子・わさび	×	×	×	×
市販品など		アロエ・ナタデココ	×	×	×	△
		梅干し	×	×	×	△
		お茶漬け・ふりかけ	×	×	×	△
		インスタントラーメン	×	×	×	△
		ピザ	×	×	×	△
		ぎょうざ・しゅうまい	×	×	×	△
		たこ焼き	×	×	×	△
		市販惣菜	×	×	×	△
		市販弁当	×	×	×	△
		生卵・刺身料理	×	×	×	×
		なめたけ	×	×	×	×
		レトルトカレー(甘口)	×	×	×	×

分類		食材	5、6カ月頃	7、8カ月頃	9〜11カ月頃	1才〜1才半頃
ビタミン・ミネラル	野菜類	玉ねぎ	○	○	○	○
		冬瓜	○	○	○	○
		とうもろこし	○	○	○	○
		トマト・ミニトマト	○	○	○	○
		にんじん	○	○	○	○
		白菜	○	○	○	○
		ブロッコリー・カリフラワー	○	○	○	○
		きゅうり	△	○	○	○
		チンゲン菜	△	○	○	○
		なす	△	○	○	○
		レタス	△	○	○	○
		絹さや・さやいんげん・スナップエンドウ	×	○	○	○
		グリーンアスパラガス	×	○	○	○
		パプリカ・ピーマン	×	○	○	○
		枝豆・グリーンピース・そら豆	△	△	○	○
		春菊・菜の花	△	△	○	○
		長ねぎ・万能ねぎ	△	△	○	○
		にら	×	△	○	○
		なめこ	×	△	○	○
		クリームコーン缶	×	△	○	○
		切干し大根	×	×	○	○
		もやし	×	×	○	○
		ごぼう・れんこん	×	×	△	○
		セロリ	×	×	△	○
		えのきだけ・しめじ・生しいたけ・まいたけ	×	×	△	○
		青じそ・バジル	×	×	△	△
		しょうが・にんにく	×	×	△	△
		たけのこ	×	×	×	△
		ミックスベジタブル(冷凍)	×	×	×	△
		きくらげ	×	×	×	△
		エリンギ	×	×	×	×
	海藻	焼きのり	×	○	○	○
		青のり	×	△	○	○
		とろろ昆布	×	△	○	○
		わかめ	×	△	○	○
		ひじき・めかぶ・もずく	×	×	○	○
		味つけのり・のりの佃煮	×	×	△	○
		昆布	×	×	×	△
	果物	いちご・みかん	○	○	○	○
		柿	○	○	○	○
		すいか・メロン	○	○	○	○
		バナナ・桃	○	○	○	○
		ぶどう	○	○	○	○
		りんご・梨・洋梨	○	○	○	○
		キウイフルーツ・パイナップル	×	○	○	○
		さくらんぼ	×	○	○	○

離乳食のきほん④

レンジでチン！で簡単！ だし&スープレシピ

赤ちゃんにとって生まれてはじめて口にする離乳食だからこそ、おいしいだしをとりましょう。
レンチン&フリージングで簡単に作ってみませんか？

味のきほんとなるだし&スープ。電子レンジで簡単に作って冷凍保存を

離乳食は赤ちゃんの味覚を作る大切な要素。だからこそ、本物のだしの味をきほんにしてあげましょう。かつお節や昆布でとった和風だし、刻んだ野菜を煮出してとるスープは、本物の香りとうまみが味わえ、赤ちゃんの味覚の形成にも役立ちます。しかし、だしをとるのがいいとわかっていても、わざわざ毎回とるのは面倒…と思う人も多いはず。そこでおすすめなのが、電子レンジで簡単に作るだし&スープ。耐熱ボウルと材料さえあれば、チンしてこすだけだから本当に簡単！大きめのボウルで作れば、製氷皿に流し入れて冷凍保存もできます。使うときは素材フリージング（P20～）と合わせて電子レンジで加熱しましょう。

ベビーフードのだしを使っても

電子レンジでとるだしやスープもいいけれど、ストックがないときは、BFのだしやスープを利用して。粉末だから手軽に使うことができ、保存もきくので常備しておくと便利。

だしは製氷皿に入れてフリージングを！

製氷皿の1キューブは15ml。粗熱がとれてから注いで。

→

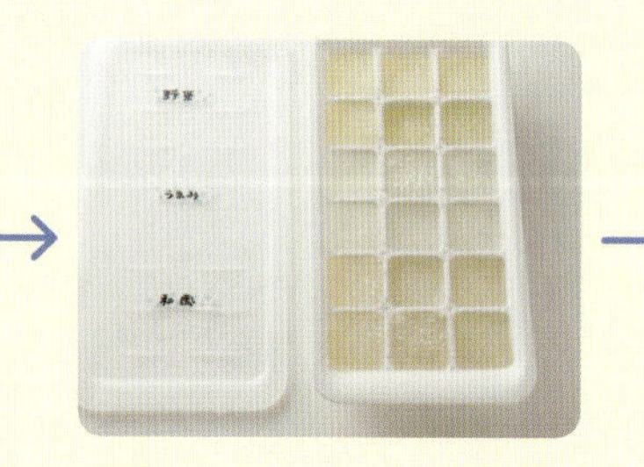

製氷皿なら、3種類のだしを入れて冷凍するのも便利。

→

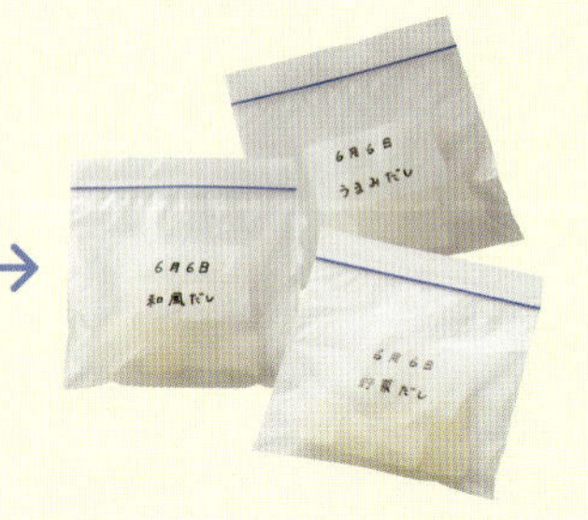

それぞれのだしを冷凍用保存袋に入れて冷凍しましょう。

和風だし

かつお節と昆布を使った和風だし。
昆布はキッチンばさみで切り込みを入れるとだしがよく出ます。

❶ 昆布2cm角は表面を軽く拭き、キッチンばさみで細く切り込みを入れる。耐熱ボウルにかつお節1パック(2〜2.5g)と昆布を入れ、水300mlを加え、ふんわりとラップをして電子レンジで8分加熱し、そのまま冷めるまでおく。

❷ ボウルにザル、ペーパータオルの順にのせ、❶をこし、冷めたら大さじ1ずつ製氷皿に入れて冷凍する。凍ったら「和風だし」と書いた冷凍用保存袋に入れて冷凍保存する。

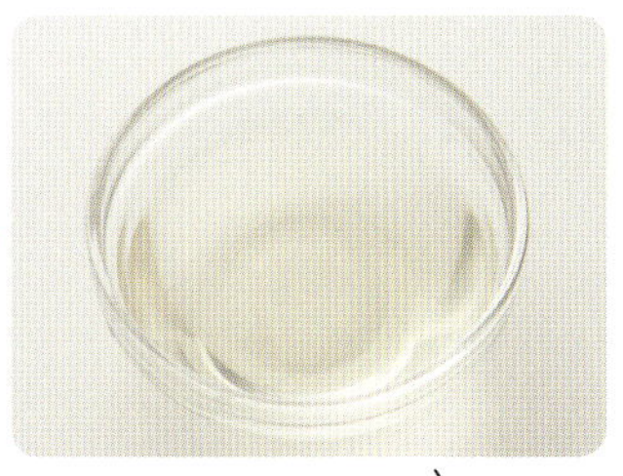

完成！

野菜だし

キャベツやにんじん、ブロッコリーの芯、
玉ねぎなどのアクの少ない野菜を利用して作ります。

❶ にんじん、ブロッコリーの茎、玉ねぎ、キャベツの芯など余った野菜(100g)をせん切りにし、耐熱ボウルに入れ、水200mlを加え、ふんわりとラップをして電子レンジで8分加熱し、そのまま冷めるまでおく。

❷ ボウルにザル、ペーパータオルの順にのせ、❶をこし、冷めたら大さじ1ずつ製氷皿に入れて冷凍する。凍ったら「野菜だし」と書いた冷凍用保存袋に入れて冷凍保存する。野菜は離乳食に使う。

完成！

うまみだし

野菜だしに鶏ささみをプラスしてとるうまみだし。
肉のうまみも味わえるので味に深みが増します。

❶ にんじん、ブロッコリーの茎、玉ねぎ、キャベツの芯など余った野菜(100g)をせん切りにし、鶏ささみ、もしくは皮と脂を取り除いた鶏むね肉50gを薄切りにし、耐熱ボウルに入れ、水200mlを加え、ふんわりとラップをして電子レンジで8分加熱し、そのまま冷めるまでおく。

❷ ボウルにザル、ペーパータオルの順にのせ、❶をこし、冷めたら大さじ1ずつ製氷皿に入れて冷凍する。凍ったら「うまみだし」と書いた冷凍用保存袋に入れて冷凍保存する。野菜は離乳食に使う。

※7ヵ月以降は鶏ささみが使える。

完成！

column

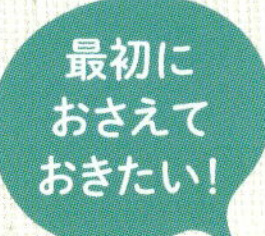

フリージングのきほん

フリージングするときは、細菌に対する抵抗力が弱い赤ちゃんのために、きちんとルールを守りましょう。

1 食材は新鮮なものを使います

赤ちゃんには新鮮な食材を与えましょう。フリージングするときは、買ってきたその日に調理をして新鮮なうちに冷凍するのがきほん。味はもちろん、栄養価が高い状態をキープできます。

2 粗熱をしっかりとってよく冷ますこと

電子レンジなどで加熱した食材は、必ずしっかり冷ましてから冷凍しましょう。熱いままの冷凍は、冷凍庫内の温度を上げて霜の原因になり、食材の味が落ちるので注意が必要です。

3 1回分ずつ冷凍しましょう

調理をした食材は1回分ずつ小分けにして冷凍します。冷凍用保存袋に入れて箸ですじ目をつけたり、製氷皿に入れて冷凍すれば1回分のキューブができるので手軽でおすすめです。

4 空気を抜いて密閉します

冷凍するとき、気をつけたいのが空気の存在。食材の酸化や劣化の原因になります。冷凍用保存袋やラップに包むときは、なるべく平らにして空気を抜いて密閉するのがコツ。

5 1週間で使いきりましょう

冷凍保存は長持ちしますが、徐々に劣化も。味に敏感な上、細菌に弱い赤ちゃんには、1週間で使いきるのをきほんに、作る分量を調整して。食材名と日付を書いておくと忘れません。

6 食べるときは必ず再加熱すること

鍋や電子レンジで加熱調理して冷凍した離乳食でも、自然解凍はNG。冷凍している間に、雑菌が繁殖している可能性も。食べさせるときは、必ず電子レンジで再加熱するのがきほんです。

離乳食作りにあると便利な道具

慣れない離乳食作りをサポートしてくれる、便利グッズをご紹介!

フリージング離乳食作りに!

ミルクパン

少量を作る離乳食では小さな鍋がおすすめ。ゆでるだけでなく、とろみをつけるときにも使える。

耐熱ボウル

汁けが多いものや、フリージング食材を組み合わせて、電子レンジで離乳食を作るときに◎。そのまま和えることができて便利。

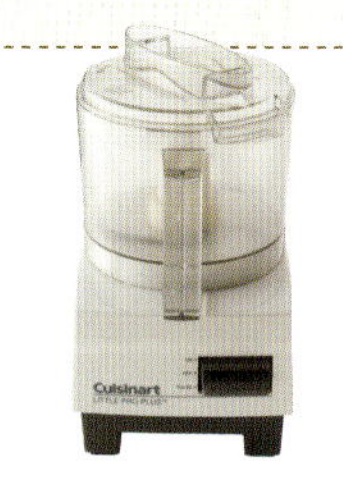

フードプロセッサー

ペースト状や、みじん切りにすることの多い離乳食で大活躍。すり鉢や、包丁を使うよりも、短時間で仕上がる。

離乳食調理用として揃ってると便利

おろし器やすりこ木、すり鉢、こし器など、離乳食調理用として揃っていると便利。電子レンジ対応のものもおすすめ。

とろとろの
ピュレも
あっという間！

Part 2

5、6ヵ月頃の離乳食ラクテク！

週末に
まとめて
フリージング！

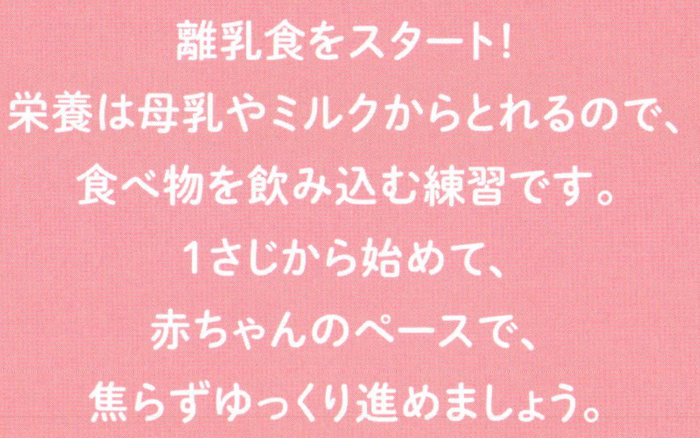

離乳食をスタート！
栄養は母乳やミルクからとれるので、
食べ物を飲み込む練習です。
1さじから始めて、
赤ちゃんのペースで、
焦らずゆっくり進めましょう。

ステップアップの
進め方も
よくわかる！

5、6ヵ月頃の離乳食のきほん

5、6ヵ月頃が離乳食スタートの時期。
赤ちゃんの様子を見ながら、1日1さじから始めてみましょう。

進め方

首がしっかり座ったらスタートの目安。ゆっくり上手に飲み込む練習を。

この頃になると首もしっかり座って、支えれば座れるようになり、まわりのことに興味を持ち始めます。家族で食事をしているときに大人の食べている様子をじーっと見て、よだれが増えてきたり、口をモゴモゴさせるような仕草が見えたら、赤ちゃんが食べることに興味を示しているということ。スプーンを下唇にあてても、舌で押し出す様子がなければ離乳食をスタートしてみましょう。赤ちゃんの体調や、機嫌のよいときを見計らって、1日1回、消化のよい10倍がゆなどのとろみのある食べ物を1さじから始め、慣れてきたら量や食材の種類を増やしていきましょう。

かたさの目安

10倍がゆ

甘みがあり、消化のよい10倍がゆをなめらかなポタージュ状にして1さじから食べさせて。

にんじんペースト

しっかりゆでてやわらかくし、すりおろしてなめらかなペースト状にして。野菜類やいも類などはこの状態を目安に。

1日のタイムスケジュールの目安

	6:00	8:00	10:00	12:00	14:00	16:00	18:00	20:00	22:00	
初めの1ヵ月	母乳・ミルク		母乳・ミルク & 離乳食1回目		母乳・ミルク		母乳・ミルク		母乳・ミルク	食べさせたあとで、体調に変化が起きたらすぐに受診できる午前中に。
始めて1ヵ月経ったら	母乳・ミルク		母乳・ミルク & 離乳食1回目		母乳・ミルク		母乳・ミルク & 離乳食2回目		母乳・ミルク	1ヵ月が過ぎて慣れてきたら、2回食に。2回目は午後から夕方の授乳時間帯がおすすめ。

5、6ヵ月頃の離乳食テク！

素材フリージング&レンジでチン！

離乳食は用意したフリージング食材とレンチンで
簡単においしく作れます！
きほんになるテクニックをおぼえましょう。

テクニック 1

ゆでて切って…

青菜などの野菜は、葉のみをやわらかくゆでて切り、1回分ずつラップに包みます。

フリージング!!

6月7日
小松菜

冷凍用保存袋に入れて、空気を抜いて口を閉じ、日付と素材の名前を記入。

すりおろして…

冷凍のままおろし器ですりおろすだけでなめらかなペースト状に。

レンチンで
完成!!

テクニック 2

ゆでて…

野菜は、小さめに切り、小鍋でやわらかくなるまでゆでます。

ゆでた野菜は粗熱をとってからフードプロセッサーに入れて攪拌(かくはん)し、なめらかに。

フリージング!!

6月12日
キャベツ

冷凍用保存袋に入れて平らにのばし、箸で1回分ずつすじ目をつけ、冷凍保存。

おかゆ

ごはんから、鍋で煮たり、電子レンジで加熱したりすると簡単にできちゃう！
フープロでなめらかなペースト状にして食べやすくします。

10倍がゆ

煮る場合

鍋にごはん、水150mlを入れてほぐし、強めの中火にかけ、沸騰したら弱火にし、15分ほど煮て、火を止めて8分ほど蒸らす。

電子レンジの場合

耐熱ボウルにごはん、水150mlを入れ、ラップをしないで、電子レンジで10分加熱する。ごはんがやわらかくふやけていたら、そのまま10分ほどおいて蒸らす。

フープロ

なめらかなペースト状になるまで撹拌する。

フリージング

冷凍用保存袋へ

空気を抜くように閉じて平らにのばし、箸などで1回分ずつすじ目をつけ、トレイに入れて冷凍する。

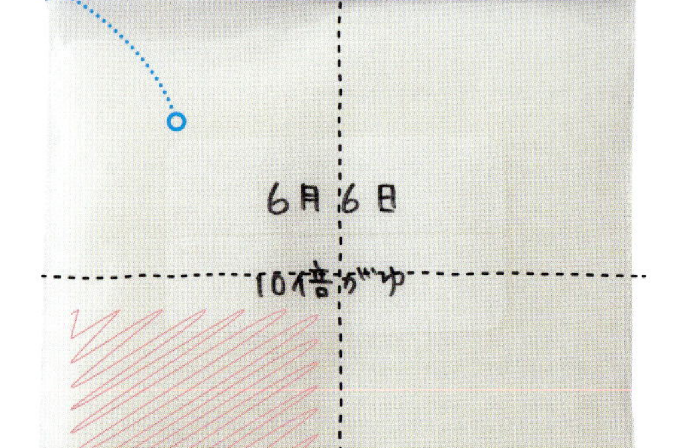

MEMO

ほんのり甘いおかゆからスタート

ほとんどの栄養をおっぱいやミルクからとる時期。はじめて食べ物を口にするときは、ほんのり甘くとろみのあるおかゆが最適。焦らずゆっくりと与えましょう。

そのまま食べるときは

耐熱ボウルに1回分と水大さじ½を入れて電子レンジで温め、冷ます。

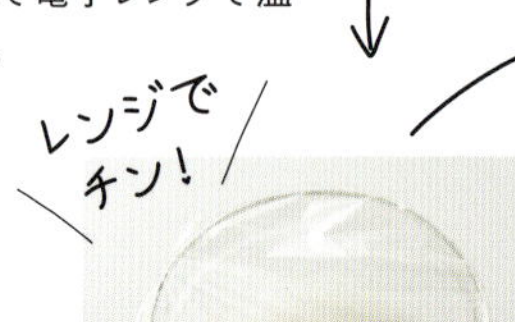

かぶ

皮の下に繊維が多いので、厚めにむいたら、薄くスライス。
かぶは簡単にやわらかくなるので、離乳食におすすめです。

かぶ1個で4回分!

かぶペースト

スライス

皮をむき、スライサーで薄くスライスする。

ゆでる

鍋にかぶ、ひたひたの水を入れて3～5分、指でつぶせるくらいやわらかくなるまでゆでる。

フープロ

なめらかなペースト状になるまで撹拌する。

フリージング

冷凍用保存袋へ

空気を抜くように閉じて平らにのばし、箸などで1回分ずつすじ目をつけ、トレイに入れて冷凍する。

6月8日
かぶ

MEMO

かぶはアクが少ないから離乳食むきの野菜

おかゆに慣れてきたら、野菜を1品加えてみましょう。最初はアクや繊維の少ない野菜を与えるのがベスト。かぶはゆでると簡単にやわらかくなり、つぶしやすいのでおすすめ。

レンジでチン!
アレンジ離乳食

かぶの和風がゆ

材料と作り方

耐熱ボウルに冷凍かぶペースト1回分、冷凍和風だしキューブ(P15)1個、冷凍10倍がゆ(P20)1回分を入れ、ふんわりとラップをして電子レンジで2分～2分30秒加熱し、よく混ぜながら冷ます。

かぶのミルクポタージュ

材料と作り方

1. 耐熱ボウルに冷凍かぶペースト1回分、水大さじ1を入れ、ふんわりとラップをして電子レンジで1分～1分30秒加熱する。
2. 粗熱がとれたら、粉ミルク小さじ¼を加え、よく混ぜながら冷ます。

かぼちゃ

ほんのりとした甘さで食べやすく、彩りもきれい。
水を少し加えてなめらかなペースト状にしてあげて。

かぼちゃ1/16個で4回分!

かぼちゃペースト

レンチン

ラップで包んで電子レンジで1分~1分30秒、やわらかくなるまで加熱する。

皮を取る

皮を包丁で取り除く。

フープロ

なめらかなペースト状になるように、水少量を加えながら撹拌する。

フリージング

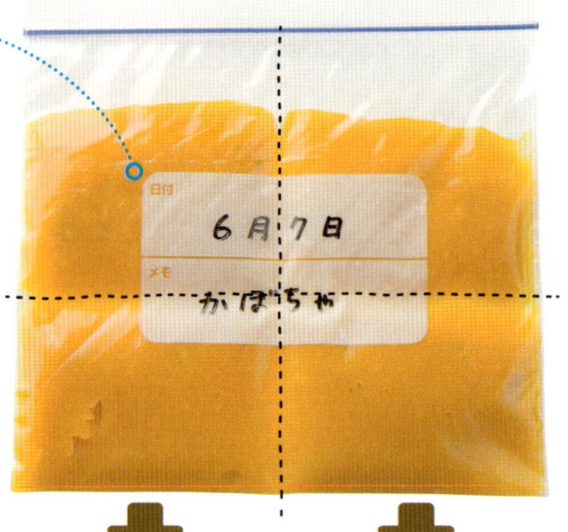

冷凍用保存袋へ

空気を抜くように閉じて平らにのばし、箸などで1回分ずつすじ目をつけ、トレイに入れて冷凍する。

MEMO

ほんのり甘いかぼちゃは赤ちゃんも大好きな味

赤ちゃんは、ほんのり甘い味が大好き。でんぷん質のかぼちゃは、やわらかくゆでるとつぶしやすく、なめらかなペースト状にしやすいので離乳食にぴったり。

レンジでチン! アレンジ離乳食

かぼちゃと豆腐のとろ煮

3週目~

材料と作り方

耐熱ボウルに冷凍かぼちゃペースト1回分、すりつぶした絹ごし豆腐大さじ1を入れ、ふんわりとラップをして電子レンジで1分~1分30秒加熱する。湯冷ましを少量加えてとろみを調整しながらよく混ぜて冷ます。

かぼちゃのおかゆ

材料と作り方

耐熱ボウルに冷凍かぼちゃペースト1回分、冷凍10倍がゆ(P20)1回分、水大さじ1を入れ、ふんわりとラップをして電子レンジで1分30秒~2分加熱し、よく混ぜながら冷ます。

果物（バナナ りんご）

とろみと甘みの強いバナナ、さらりと飲み込みやすいりんごは、
赤ちゃんも大好きです。どちらも使うときにすりおろして。

4等分バナナ

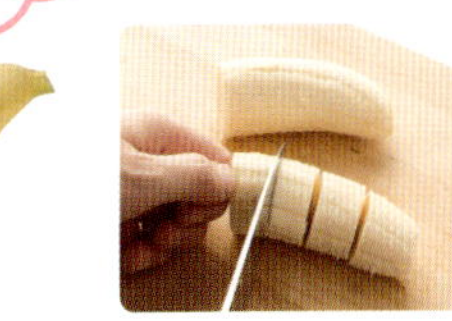

皮をむき、4等分に切る。

フリージング

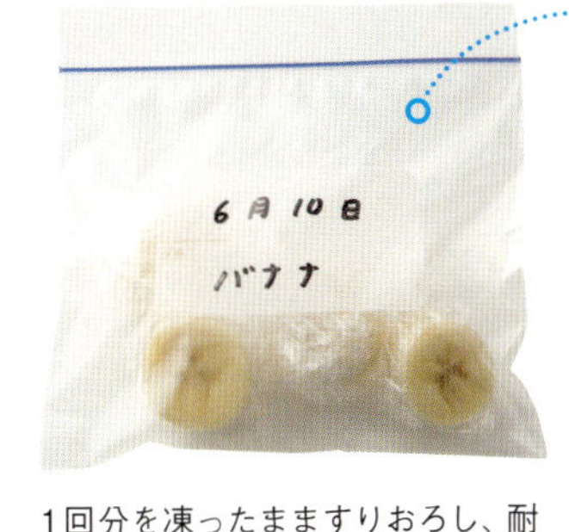

冷凍用保存袋へ

1個ずつラップで包み、冷凍用保存袋に入れて冷凍する。

すりおろして

1回分を凍ったまますりおろし、耐熱容器に入れ、水大さじ1を加えて電子レンジで温め、冷ます。

バナナのマッシュ

材料と作り方

耐熱ボウルに冷凍4等分バナナ1回分をすりおろし、水大さじ1を加え、ふんわりとラップをして電子レンジで30秒～1分加熱し、よく混ぜながら冷ます。

角切りりんご

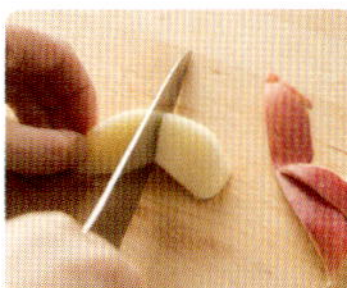

８等分のくし形に切り、皮をむいて種を取り、半分に切る。

フリージング

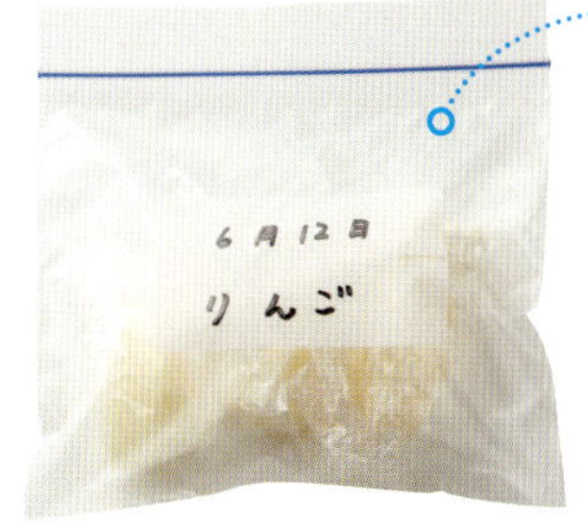

冷凍用保存袋へ

1個ずつラップで包み、冷凍用保存袋に入れて冷凍する。

使うときは

すりおろして

1回分を凍ったまますりおろし、耐熱容器に入れ、水大さじ1を加えて電子レンジで温め、冷ます。

レンジでチン！
アレンジ離乳食

りんごのにんじん煮

材料と作り方

耐熱ボウルに冷凍角切りりんご1回分をすりおろし、冷凍にんじんペースト（P25）1回分、水大さじ1を加え、ふんわりとラップをして電子レンジで30秒～1分加熱し、よく混ぜながら冷ます。

小松菜

アクが少なく、カルシウム、鉄が豊富な葉物野菜です。
茎の部分を取り除き、やわらかい葉の部分のみを使いましょう。

小松菜1株で4回分!

小松菜スティック

ゆでる

やわらかい葉先のみを沸騰した湯でゆでる。

切る

水けを絞り、半分の長さに切る。

ラップ

4等分にし、ラップでスティック状に包む。

フリージング

冷凍用保存袋へ

冷凍用保存袋に入れて冷凍する。

使うときは

1回分を凍ったまますりおろし、耐熱容器に入れ、水大さじ2を加えて電子レンジで温め、冷ます。

MEMO

繊維が多い青菜は冷凍してすりおろす!

小松菜やほうれん草などの青菜は繊維が多いので、すりつぶすのに一苦労。葉先だけやわらかくゆでてスティック状にして冷凍してすりおろせば、なめらかなペースト状に。

小松菜のとろとろ煮

材料と作り方

❶ 耐熱ボウルに冷凍小松菜スティック1回分をすりおろし、冷凍野菜だしキューブ(P15)1個を加え、ふんわりとラップをして電子レンジで1分〜1分30秒加熱する。

❷ 片栗粉小さじ¼を加えて混ぜ、さらに1分加熱し、よく混ぜながら冷ます。

小松菜とバナナのすりおろし

材料と作り方

耐熱ボウルに冷凍小松菜スティック、冷凍4等分バナナ(P23)各1回分をすりおろし、水大さじ1を加え、ふんわりとラップをして電子レンジで30秒〜1分加熱し、よく混ぜながら冷ます。

にんじん

β-カロテン豊富なにんじんは、積極的に食べさせたい野菜です。
彩りがよく、他の食材と組み合わせても、きれいな色が残ります。

にんじんペースト

にんじん¼本で4回分!

スライス&レンチン

皮をむき、スライサーで薄くスライスする。耐熱容器に入れ、ひたひたの水を加え、ふんわりとラップをして電子レンジで3分加熱し、そのまま2分おく。

フープロ

なめらかなペースト状になるまで撹拌する。

フリージング

冷凍用保存袋へ

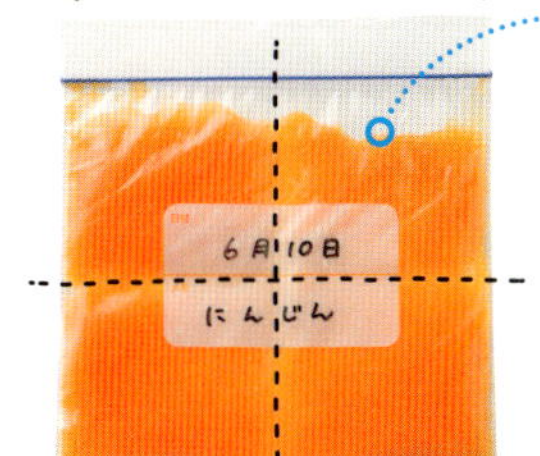

空気を抜くように閉じて平らにのばし、箸などで1回分ずつすじ目をつけ、トレイに入れて冷凍する。

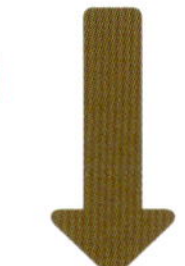

輪切りにんじん

にんじん½本で4回分!

切ってレンチン

にんじんは皮をむいて1.5cm幅に切り、ラップで包んで電子レンジで1分加熱し、そのまま粗熱をとる。

フリージング

冷凍用保存袋へ

ラップで包みなおし、冷凍用保存袋に入れて冷凍する。

使うときは

すりおろして

1回分を凍ったまますりおろし、耐熱容器に入れ、水大さじ2を加えて電子レンジで温め、冷ます。

レンジでチン！アレンジ離乳食

にんじんと豆腐のペースト

3週目～

材料と作り方

耐熱ボウルに冷凍にんじんペースト1回分、すりつぶした絹ごし豆腐大さじ1を入れ、ふんわりとラップをして電子レンジで1分～1分30秒加熱し、湯冷ましを少量加えてとろみを調整しながらよく混ぜて冷ます。

レンジでチン！アレンジ離乳食

にんじんとりんごのペースト

材料と作り方

耐熱ボウルに冷凍輪切りにんじん、冷凍角切りりんご(P23)各1回分をすりおろし、水大さじ1を加え、ふんわりとラップをして電子レンジで30秒～40秒加熱し、よく混ぜながら冷ます。

大根

加熱するとやわらかく、クセがない大根。種類によって味が違うので、
辛味の少ないものを選ぶのがおすすめです。

大根 1/10本で 4回分!

大根ペースト

スライス

厚めに皮をむき、スライサーで薄くスライスする。

煮る

鍋に大根、ひたひたの水を入れ、とろとろになるまでゆでる。

フープロ

なめらかなペースト状になるまで撹拌する。

フリージング

冷凍用保存袋へ

空気を抜くように閉じて平らにのばし、箸などで1回分ずつすじ目をつけ、トレイに入れて冷凍する。

6月11日
大根

そのまま食べるときは

耐熱ボウルに1回分と水大さじ2を入れて電子レンジで温め、冷ます。

MEMO

離乳食に使うときは厚めに皮をむく

大根は上半分を使い、筋が多い皮は厚めにむきます。大根ペーストを作るときは薄くスライスしてからゆでるととろとろになります。

レンジでチン! アレンジ離乳食

大根のミルクポタージュ

材料と作り方

耐熱ボウルに冷凍大根ペースト1回分、冷凍野菜だしキューブ(P15)1個を入れ、ふんわりとラップをして電子レンジで1分30秒〜2分加熱し、粗熱がとれたら粉ミルク小さじ¼を加え、よく混ぜながら冷ます。

大根のうどんがゆ

材料と作り方

耐熱ボウルに冷凍大根ペースト1回分、冷凍和風だしキューブ(P15)1個、冷凍うどんペースト(P31)1回分を入れ、ふんわりとラップをして電子レンジで2分〜2分30秒加熱し、よく混ぜながら冷ます。

トマト

水分、ペクチンを多く含むので便秘予防におすすめです。
食べずらい皮と種を取り除いてから食べさせましょう。

トマト½個で4回分!

トマトペースト

種を取る

湯通しして皮をむき、種を取り除き、粗みじん切りにする。

フープロ

なめらかなペースト状になるまで撹拌する。

レンチン

耐熱容器に入れ、電子レンジで1分~1分30秒加熱して沸騰させ、粗熱をとる。

フリージング

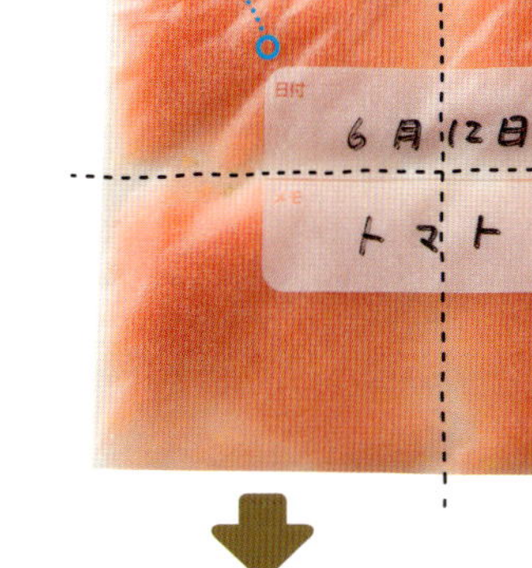

冷凍用保存袋へ

空気を抜くように閉じて平らにのばし、箸などで1回分ずつすじ目をつけ、トレイに入れて冷凍する。

MEMO

トマトは皮と種を取り除いて使う

5、6ヵ月の頃は、なめらかなポタージュ状をゴックンと飲み込む練習の時期。トマトの皮や種は食べづらいので、取り除いてからペースト状にしましょう。

レンジでチン！
アレンジ離乳食

トマトの野菜スープ煮

材料と作り方

❶ 耐熱ボウルに冷凍トマトペースト1回分、冷凍野菜だしキューブ（P15）1個を入れ、ふんわりとラップをして電子レンジで1分30秒~2分加熱する。

❷ ❶に片栗粉小さじ¼を加え、よく混ぜながら冷ます。

トマトのおかゆ

材料と作り方

耐熱ボウルに冷凍トマトペースト1回分、冷凍10倍がゆ（P20）1回分、水大さじ½を入れ、ふんわりとラップをして電子レンジで1分30秒~2分加熱し、よく混ぜながら冷ます。

キャベツ

かたい芯の部分は切り落とし、やわらかい葉の部分を使います。
せん切りにしてからペースト状にすることで、なめらかな口当たりに。

キャベツの葉1枚で4回分!

キャベツペースト

切る

葉のやわらかい部分を細かいせん切りにする。

煮る

鍋にキャベツ、ひたひたの水を入れ、手でつぶれるくらいにやわらかくなるまでゆでる。

フープロ

なめらかなペースト状になるまで撹拌する。

フリージング

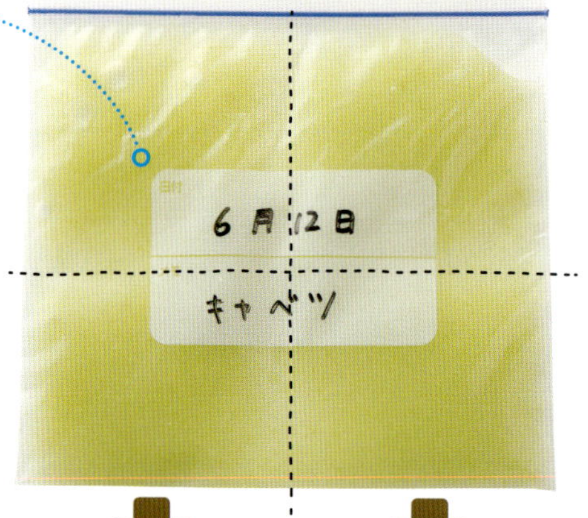

冷凍用保存袋へ

空気を抜くように閉じて平らにのばし、箸などで1回分ずつすじ目をつけ、トレイに入れて冷凍する。

MEMO

キャベツはクセがなくやわらかくなりやすい

繊維が多いイメージのキャベツですが、切り方によってはやわらかくなります。繊維に対して直角に切るのがコツ。繊維を断ち切ることでやわらかくゆであがります。

レンジでチン!
アレンジ離乳食

キャベツとさつまいものマッシュ

材料と作り方

耐熱ボウルに冷凍キャベツペースト、冷凍さつまいもペースト（P30）各1回分、冷凍うまみだしキューブ（P15）1個を入れ、ふんわりとラップをして電子レンジで2分〜2分30秒加熱し、よく混ぜながら冷ます。

キャベツとしらすのだし煮

3週目〜

材料と作り方

耐熱ボウルに冷凍キャベツペースト、冷凍しらすペースト（P34）各1回分、冷凍野菜だしキューブ（P15）1個を入れ、ふんわりとラップをして電子レンジで2分〜2分30秒加熱し、よく混ぜながら冷ます。

じゃがいも

芽や皮の緑色の部分は、有害物質を含むので取り除き、
アク抜きしてから使うと安心。いろいろな食材との相性も◎。

じゃがいも½個で4回分!

じゃがいもペースト

スライス

芽を取り除いて皮をむき、スライサーで薄くスライスし、水にさらしアク抜きする。

ゆでる

鍋にじゃがいも、ひたひたの水を入れ、指でつぶれるくらいにやわらかくなるまでゆでる。

フープロ

なめらかなペースト状になるまで撹拌する。

フリージング

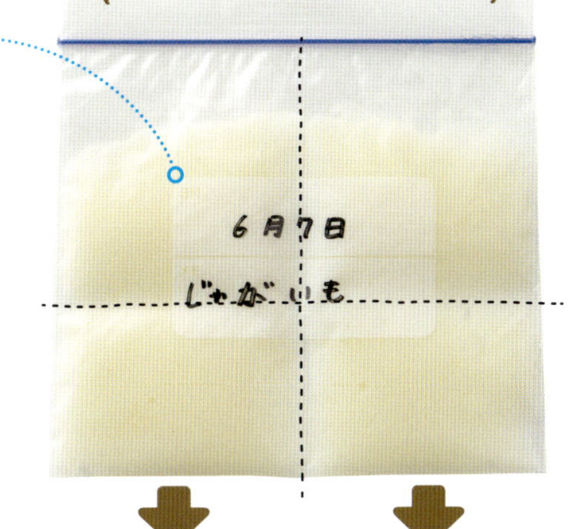

冷凍用保存袋へ

空気を抜くように閉じて平らにのばし、箸などで1回分ずつすじ目をつけ、トレイに入れて冷凍する。

MEMO

でんぷん質の多いじゃがいもはおすすめ

じゃがいもはでんぷん質が多いので、やわらかくゆでるとつぶしやすく、なめらかなペースト状にしやすいのでおすすめ。スライスしてだしや野菜スープで煮てつぶすのも◎。

レンジでチン!
アレンジ離乳食

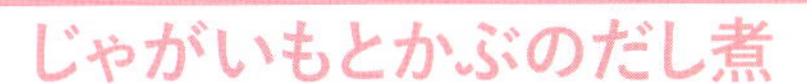

じゃがいもとかぶのだし煮

材料と作り方

耐熱ボウルに冷凍じゃがいもペースト、冷凍かぶペースト(P21)各1回分、冷凍野菜だしキューブ(P15)1個を入れ、ふんわりとラップをして電子レンジで2分～2分30秒加熱し、よく混ぜながら冷ます。

じゃがいものパンがゆ

材料と作り方

❶ 耐熱ボウルに冷凍じゃがいもペースト1回分、冷凍うまみだしキューブ(P15)1個を入れ、ふんわりとラップをして電子レンジで2分～2分30秒加熱する。

❷ ❶に冷凍角切り食パン(P32)1個をすりおろして加え、さらに電子レンジで30秒加熱し、よく混ぜながら冷ます。

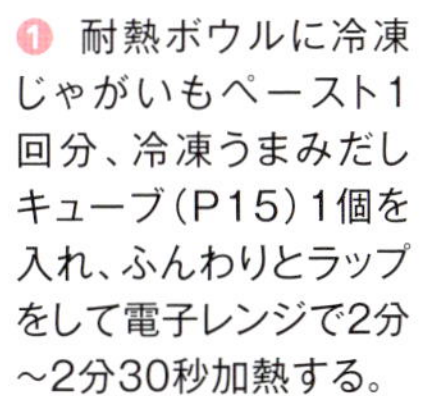

さつまいも

ビタミンC、食物繊維が豊富です。甘いから赤ちゃんは大好き。
皮を厚めにむいて、アク抜きしてから使いましょう。

さつまいも¼本で4回分!

さつまいもペースト

スライス

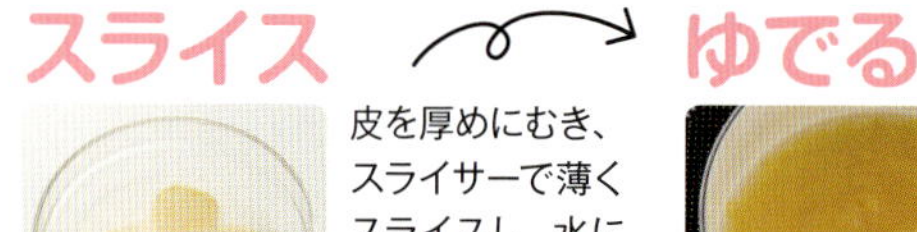

皮を厚めにむき、スライサーで薄くスライスし、水にさらしてアク抜きする。

ゆでる

鍋にさつまいも、ひたひたの水を入れ、指でつぶれるくらいにやわらかくなるまでゆでる。

フープロ

なめらかなペースト状になるまで攪拌する。

フリージング

冷凍用保存袋へ

空気を抜くように閉じて平らにのばし、箸などで1回分ずつすじ目をつけ、トレイに入れて冷凍する。

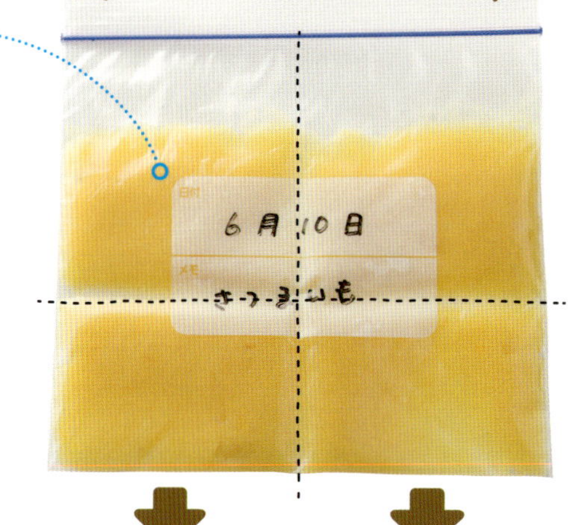

MEMO

自然な甘さとなめらかな食感が◎

赤ちゃんは自然な甘みとなめらかなペースト状のとろとろが大好きなので、さつまいもペーストは赤ちゃんが喜ぶ離乳食の代表です。皮にアクが多いので、厚めにむきましょう。

レンジでチン!
アレンジ離乳食

さつまいもとりんごのマッシュ

材料と作り方

耐熱ボウルに冷凍さつまいもペースト、すりおろした冷凍角切りりんご(P23)各1回分を入れ、ふんわりとラップをして電子レンジで1分~1分30加熱し、よく混ぜながら冷ます。

さつまいものパンがゆ

材料と作り方

耐熱ボウルに冷凍さつまいもペースト1回分、すりおろした冷凍角切り食パン(P32)1個、水大さじ1を入れ、ふんわりとラップをして電子レンジで1分30秒~2分加熱し、粗熱がとれたら、粉ミルク小さじ¼を加え、よく混ぜながら冷ます。

そうめん・うどん

10倍がゆに慣れたら、やわらかく煮てなめらなペースト状にして食べさせましょう。
小麦アレルギーがないか少しずつ与えます。

そうめんペースト

そうめん30gで4回分!

ゆでる

細かく折り、熱湯でやわらかくなるまでゆで、よく水洗いする。

フープロ

なめらかなペースト状になるまで撹拌する。

うどんペースト

ゆでうどん60gで4回分!

ゆでる

熱湯でやわらかくなるまでゆる。

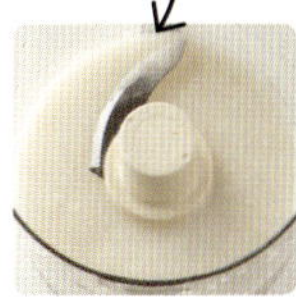

フープロ

なめらかなペースト状になるまで撹拌する。

フリージング

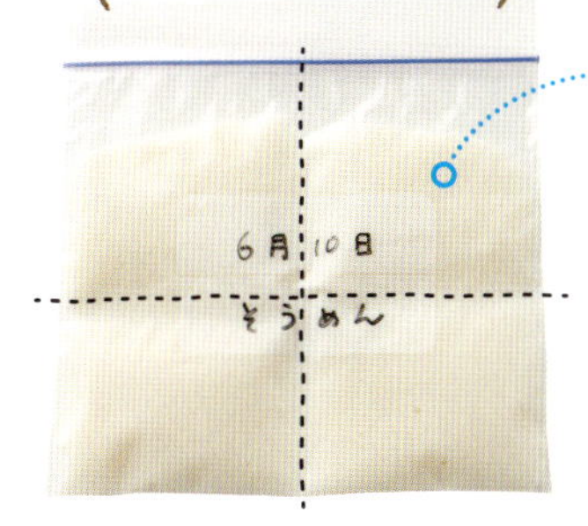

冷凍用保存袋へ

空気を抜くように閉じて平らにのばし、箸などで1回分ずつすじ目をつけ、トレイに入れて冷凍する。

フリージング

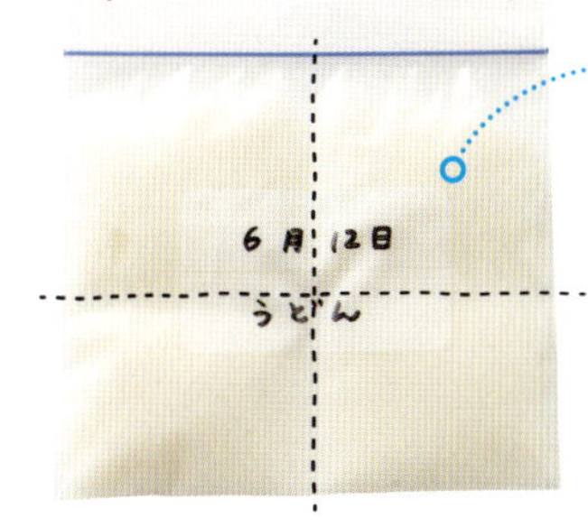

冷凍用保存袋へ

空気を抜くように閉じて平らにのばし、箸などで1回分ずつすじ目をつけ、トレイに入れて冷凍する。

レンジでチン! アレンジ離乳食

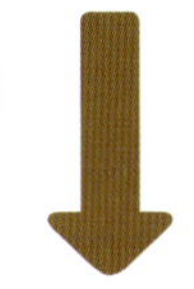

かぶのそうめんがゆ

材料と作り方

耐熱ボウルにすりおろした冷凍かぶペースト(P21)、冷凍そうめんペースト各1回分、冷凍うまみだしキューブ(P15)1個を加え、ふんわりとラップをして電子レンジで2分~2分30秒加熱し、よく混ぜながら冷ます。

レンジでチン! アレンジ離乳食

小松菜としらすのうどんがゆ

3週目~

材料と作り方

耐熱ボウルにすりおろした冷凍小松菜スティック(P24)、冷凍しらすペースト(P34)、うどんペースト各1回分、冷凍和風だしキューブ(P15)1個を入れ、ふんわりとラップをして電子レンジで2分~2分30秒加熱し、混ぜながら冷ます。

食パン

塩分、脂肪が少なめなので、10倍がゆに慣れたら与えます。
かたさと苦味がある耳の部分は、取り除きましょう。

8枚切りの食パン1枚で6回分!

角切り食パン

切る

耳を切り落とし、6等分に切る。

ラップ

耳は除いて、1個ずつラップに包む

フリージング

冷凍用保存袋へ

ラップに包んだものを冷凍する。

MEMO

ほんのり甘い食パンはおすすめ

サンドイッチ用はあらかじめ耳がないので、便利です。小麦アレルギーには注意しましょう。すぐにかたくなりがちな食パンは、1回分ずつラップに包んで冷凍が◎。

レンジでチン!
アレンジ離乳食

豆乳パンがゆ

材料と作り方

耐熱ボウルにすりおろした角切り食パン1個、無調整豆乳大さじ2を入れ、ふんわりとラップをして電子レンジで30秒~40秒加熱し、よく混ぜながら冷ます。

にんじんのパンがゆ

材料と作り方

耐熱ボウルに冷凍にんじんペースト(P25)1回分、すりおろした冷凍角切り食パン1個、水大さじ1を入れ、ふんわりとラップをして電子レンジで1分~1分30秒加熱し、よく混ぜながら冷ます。

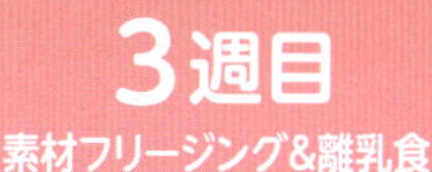

白身魚

低脂肪で身がやわらかい白身魚はたんぱく質の中でも食べやすい食材。お刺身用を使えば、調理が簡単です。

刺身用のたい40gで4回分!

白身魚ペースト

洗う

ボウルに水を入れ、白身魚をさっと洗って水けを拭き取る。

ゆでる

鍋に白身魚、ひたひたの水を入れ、1～2分ほどゆでる。

フープロ

少量の水を加えながらやわらかくなるまで撹拌する。

フリージング

冷凍用保存袋へ

空気を抜くように閉じて平らにのばし、箸などで1回分ずつすじ目をつけ、トレイに入れて冷凍する。

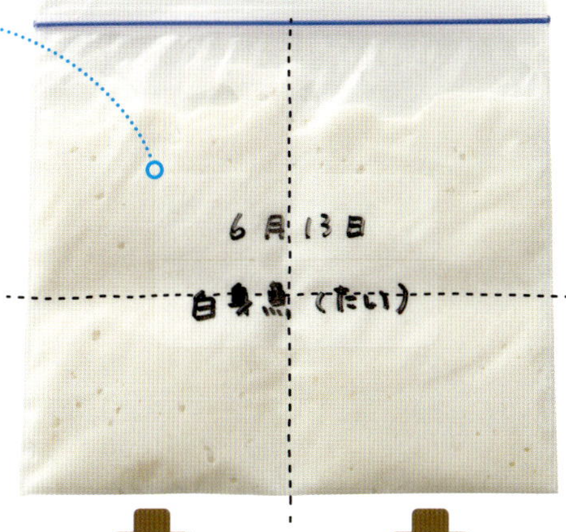

MEMO

おかゆや野菜に慣れてきたらたんぱく質を1品

離乳食をスタートさせて、おかゆと野菜に慣れてきたら、たんぱく質を1品プラスしてみましょう。白身魚や豆腐などを少しずつ与えます。

レンジでチン!
アレンジ離乳食

白身魚のすり流し

材料と作り方

耐熱ボウルに冷凍白身魚ペースト1回分、水大さじ1を加え、ふわっとラップして電子レンジで1分～1分30秒加熱し、よく混ぜながら冷ます。

白身魚とじゃがいものマッシュ

材料と作り方

耐熱ボウルに冷凍白身魚ペースト、冷凍じゃがいもペースト(P29)各1回分、水大さじ1を入れ、ふんわりとラップをして電子レンジで1分30秒～2分加熱し、洋風だし(BF／粉末)1本を加え、よく混ぜながら冷ます。

しらす

調理の手間がかからないうえ、消化しやすく、カルシウムが豊富。
塩分が多いので、塩抜きしてから食べさせましょう。

しらす40gで4回分!

しらすペースト

熱湯をかける

茶こしに入れ、熱湯をまわしかけて塩抜きする。

すりつぶす

すりこ木ですりつぶす。

フリージング

冷凍用保存袋へ

空気を抜くように閉じて平らにのばし、箸などで1回分ずつすじ目をつけ、トレイに入れて冷凍する。

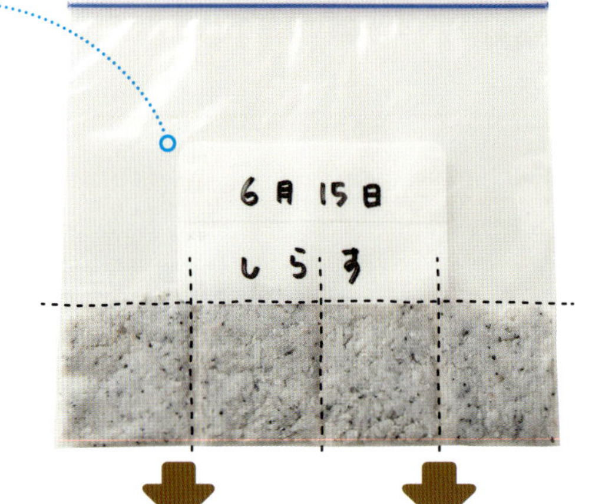

MEMO

塩分が多いので必ず熱湯をかけて塩抜きを

赤ちゃんに気をつけたいのが塩分。多くとりすぎると腎臓に負担がかかってしまいます。しらす干しを使うときは、必ず熱湯をかけて塩抜きしてから使いましょう。

レンジでチン!
アレンジ離乳食

しらすとかぶのスープ煮

材料と作り方

❶ 耐熱ボウルに冷凍しらすペースト1回分、冷凍かぶ(P21)1回分、冷凍野菜だしキューブ(P15)1個を入れ、ふんわりとラップをして電子レンジで1分30~2分加熱する。

❷ ❶をよく混ぜながら冷ます。

しらすのミルクパンがゆ

材料と作り方

❶ 耐熱ボウルに冷凍しらすペースト1回分、冷凍じゃがいもペースト(P29)1回分、すりおろした冷凍角切り食パン(P32)1個分、水大さじ1を入れ、ふんわりとラップをして電子レンジで1分30秒~2分加熱する。

❷ ❶の粗熱がとれたら、粉ミルク小さじ¼を加え、よく混ぜながら冷ます。

離乳食で気をつけたい食べ物

大人が食べられるから赤ちゃんにも…。しかし、与えてはいけない食べ物はあります。
気をつけたい食べ物はどんなものがあるのか、しっかり理解しておきましょう。

1 乳児ボツリヌス症が心配な食材

1才までは内臓機能が未熟なので食べさせるものには、気をつける必要があります。特にはちみつは、乳児ボツリヌス症を発症し、赤ちゃんが命を落とす事故にもつながりかねません。1才未満の赤ちゃんには食べさせないようにして。

はちみつ

2 抵抗力の弱い赤ちゃんには生の魚や肉、卵はNG

赤ちゃんは細菌などに対する抵抗力が弱いため、魚、肉、卵は中までしっかりと火を通したものを与えるのがきほん。大人が食べる刺身、寿司、ローストビーフは赤ちゃんにはNG。いくらは高塩分なうえ、誤嚥や食物アレルギーを起こしやすいので要注意。

刺身

いくら

3 誤嚥が心配な食材

赤ちゃんは咀嚼力が弱く、気管が狭いので、食べ物や異物が詰まる誤嚥の危険性があります。特にピーナッツやアーモンドなどのナッツ類やこんにゃくゼリー、もちなどは与えません。また、ミニトマトなどの丸い形の食材は、のどに詰まりやすいので要注意。必ず食べやすい大きさに切ってから与えましょう。

ピーナッツ&アーモンド

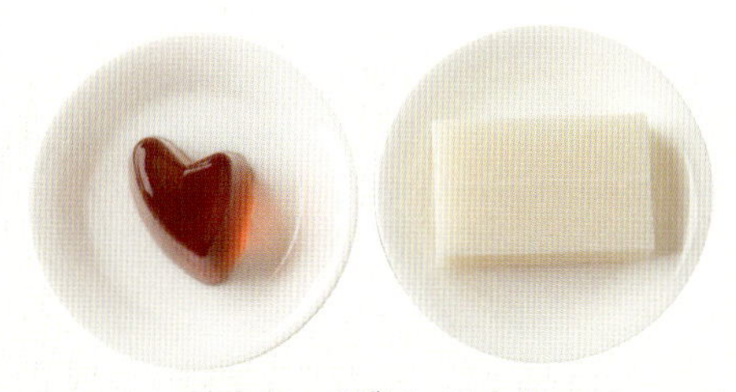

こんにゃくゼリー&もち

MEMO

赤ちゃんに与える水分のこと

→ 果汁やイオン飲料ではなく「湯冷まし」を

赤ちゃんの水分補給に、気をつけたいのが果汁やベビー用イオン飲料。むし歯や食欲不振を招きやすいので、水代わりにはしません。沸騰させた湯を冷ました「湯冷まし」やカフェインのない「麦茶」や「ほうじ茶」にしましょう。

4つのSTEPで食べられるものを増やしていきましょう！

フリージングで！

5、6ヵ月頃の献立カレンダー

素材フリージングで毎日の離乳食作りもラクラク！　特にこの時期は、レンチンですぐできるのがうれしい！

5、6ヵ月頃の離乳食ステップアップ例

5週目	3～4週目	2週目	1週目
1日2回食	1日1回食	1日1回食	1日1回食
炭水化物 （10倍がゆ・うどん・パン） ＋ たんぱく質 （白身魚・豆腐） ＋ ビタミン・ミネラル （野菜・いも・果物）2～3品 × 2回	炭水化物 （10倍がゆ・うどん・パン） ＋ たんぱく質 （白身魚・豆腐） ＋ ビタミン・ミネラル （野菜・いも・果物）2品	炭水化物 （うどん・パン） ＋ ビタミン・ミネラル （野菜・いも・果物）1品	炭水化物 （10倍がゆ）
主食の量を少しずつ増やしましょう。たんぱく質に慣れてきたら、新しいたんぱく質の食材にチャレンジ。	野菜などに慣れてきたら、たんぱく質を1品加えて。野菜ペーストは食べ慣れたものを。	慣れてきたら、おかゆの量は変えずに野菜ペーストなどを小さじ1からプラス。体調に変化がなければ、新しい野菜に変えて。	最初の1さじは10倍がゆから。小さじ1から少しずつ様子を見ながら量を増やし、5日目ぐらいには小さじ3ぐらいに。

離乳食スタート！

主食（10倍がゆ）を1日1食

1週目

まずは10倍がゆを1さじずつからスタート！

フリージングした10倍がゆは、使う分を取り出してレンチンするだけ！
与えるときは十分に冷ましてから与えます。

1回分ずつをレンチンで！

10倍がゆ→作り方P20

材料

冷凍10倍がゆ（P20）1回分

主食（10倍がゆ）＋野菜2品を1日1回

2週目

1 冷凍10倍がゆ×2 →作り方P20
2 冷凍かぼちゃペースト →作り方P22
3 冷凍トマトペースト →作り方P27
4 冷凍小松菜スティック →作り方P24
5 冷凍角切りりんご →作り方P23
6 冷凍野菜だしキューブ →作り方P15

おかゆに野菜ペーストを少しずつプラスして

2週目は、10倍がゆに野菜をプラスしていく時期。おかゆの量はあまり変えず、野菜は1さじから。はじめて口にする食品は、食物アレルギーの症状が出ないか確認しながら与えて。

段取りMEMO

1. 10倍がゆ、野菜だしを作る。
2. その間に野菜とりんごを切る。
3. かぼちゃと小松菜はゆでる。
4. 小松菜とりんごはラップに包む。
5. かぼちゃ、トマトはフープロにかける。
6. ❶、❹、❺を冷凍する。

MONDAY 月曜日

10倍がゆ→作り方P20
材料 1×1回分

かぼちゃペースト→作り方P22
材料 2×1回分

MEMO 赤ちゃんの好きな甘みのかぼちゃを1さじから与えましょう。かぼちゃが飲み込みづらそうだったら、水分を加えたり、おかゆと混ぜてあげたりしましょう。

TUESDAY 火曜日

10倍がゆ→作り方P20
材料 1×1回分

トマトの野菜スープ煮→作り方P27
材料 3×1回分、6×1個

MEMO 少し酸味のあるトマトの野菜スープ煮にチャレンジ。トマトと野菜スープを合わせてレンチンするだけだから手軽です。

WEDNESDAY 水曜日

小松菜のミルクがゆ

材料 4・1×各1回分、粉ミルク小さじ¼

作り方 耐熱ボウルに冷凍小松菜スティックをすりおろし、冷凍10倍がゆ、水大さじ1を加え、ふんわりとラップをして電子レンジで1分～1分30秒加熱し、よく混ぜながら冷まし、粉ミルクを加えて混ぜる。

MEMO 小松菜は凍ったまますりおろして、10倍がゆと合わせ、レンチンするだけだから手軽！ 少し青臭い小松菜も、粉ミルクとおかゆでまろやかな味に。

THURSDAY 木曜日

かぼちゃのおかゆ→作り方P22

材料 2・1×各1回分

りんごのとろとろ

材料 5×1回分

作り方 耐熱ボウルに冷凍角切りりんごをすりおろし、水大さじ1を加え、ふんわりとラップをして電子レンジで30～40秒加熱し、片栗粉小さじ⅕を加えてよく混ぜながら冷ます。

MEMO かぼちゃと10倍がゆを合わせてレンチンするだけの簡単がゆに、冷凍りんごをすりおろしたとろとろをプラス。両方とも甘くておいしいから、赤ちゃんも好きなはず。

FRIDAY 金曜日

トマトのおかゆ→作り方P27

材料 3・1×各1回分

小松菜のとろとろ煮→作り方P24

材料 4×1回分

MEMO 酸味のあるトマトは10倍がゆと一緒にレンチンして食べやすく。小松菜は、とろみをつけているので、飲み込みやすくなります。

炭水化物+たんぱく質+ビタミン・ミネラル2品を1日1回 3～4週目

フリージングLIST

1 冷凍10倍がゆ×2
→作り方P20

2 冷凍かぶペースト
→作り方P21

3 冷凍4等分バナナ
→作り方P23

4 冷凍小松菜スティック
→作り方P24

5 冷凍にんじんペースト
→作り方P25

6 冷凍白身魚ペースト
→作り方P33

7 冷凍和風だしキューブ
→作り方P15

「白身魚や豆乳などのたんぱく質を少しずつとり入れて」

野菜ペーストに慣れてきたら、たんぱく質を1さじから加えていきましょう。まずは白身魚や豆腐などからスタート。赤ちゃんの様子を見ながら少しずつ。

段取りMEMO

1. 10倍がゆ、和風だしを作る。
2. その間に野菜、バナナを切る。バナナはラップに包む。
3. かぶ、小松菜、にんじん、白身魚をそれぞれゆでる。
4. かぶ、にんじん、白身魚はそれぞれフープロにかける。
5. 小松菜は切ってラップに包む。
6. ❶、バナナ、❹、❺を冷凍する。

MONDAY 月曜日

白身魚と小松菜のおかゆ

材料 1・6・4×各1回分 7×1個

作り方 耐熱ボウルに冷凍白身魚ペースト、冷凍10倍がゆ、冷凍和風だしキューブを入れ、冷凍小松菜スティックをすりおろして入れ、ふんわりとラップをして電子レンジで2分～2分30秒加熱し、よく混ぜながら冷ます。

バナナのマッシュ→作り方P23

材料 3×1回分

TUESDAY 火曜日

にんじんがゆ

材料 1・5×各1回分

作り方 耐熱ボウルに冷凍にんじんペースト、水大さじ1、冷凍10倍がゆを入れ、ふんわりとラップをして電子レンジで1分30秒～2分加熱し、よく混ぜながら冷ます。

白身魚のすり流し→作り方P33

材料 6×1回分

WEDNESDAY 水曜日

10倍がゆ→作り方P20　材料 1×1回分

小松菜ペースト　材料 4×1回分

作り方 耐熱ボウルに冷凍小松菜スティックをすりおろし、水大さじ1を加え、ふんわりとラップをして電子レンジで30秒～1分加熱し、よく混ぜながら冷ます。

バナナの豆乳煮

材料 3×1回分、無調整豆乳大さじ1

作り方 耐熱ボウルに冷凍4等分バナナをすりおろし、無調整豆乳を加え、ふんわりとラップをして電子レンジで30～40秒加熱し、よく混ぜながら冷ます。

THURSDAY 木曜日

かぶの和風がゆ→作り方P21

材料 2・1×1回分

にんじんと豆腐のペースト→作り方P25

材料 5×1回分、絹ごし豆腐大さじ1

MEMO とろとろのかぶの和風がゆと、ふわふわのにんじんと豆腐のペーストは飲み込みやすくておすすめの組み合わせ。豆腐は冷凍すると食感が変わるので、生のまま使います。

FRIDAY 金曜日

10倍がゆ→作り方P20

材料 1×1回分

かぶと小松菜のお麩煮

材料 2・4×各1回分、7×1個、麩1個

作り方

① 耐熱ボウルに冷凍かぶペースト、すりおろした冷凍小松菜スティック、冷凍和風だしキューブを入れ、ふんわりとラップをして電子レンジで2分～2分30秒加熱する。

② ❶に麩をすりおろして加え、さらに電子レンジで30秒～40分加熱し、よく混ぜながら冷ます。

炭水化物+たんぱく質+ビタミン・ミネラル2～3品を1日2回

5週目

フリージングLIST

1 冷凍10倍がゆ×2 →作り方P20

2 冷凍角切り食パン →作り方P32

3 冷凍そうめんペースト →作り方P31

4 冷凍キャベツペースト →作り方P28

5 冷凍トマトペースト →作り方P27

6 冷凍かぼちゃペースト →作り方P22

7 冷凍じゃがいもペースト →作り方P29

8 冷凍白身魚ペースト →作り方P33

9 冷凍しらすペースト →作り方P34

10 冷凍かぶペースト →作り方P21

11 冷凍野菜だしキューブ →作り方P15

12 冷凍うまみだしキューブ →作り方P15

「いよいよ2回食スタート！たんぱく質は混ぜ合わせても単品として食べさせてもOK」

いよいよ２回食に進みます。フリージングする種類も少し増やして、献立にバリエーションを。たんぱく質も３種類ぐらい用意しておくとバランスのよい献立に。

段取りMEMO

1. 10倍がゆ、だし類を作る。
2. その間に野菜を切る。
3. かぼちゃ、じゃがいも、キャベツ、かぶ、そうめん、白身魚をそれぞれゆでる。
4. ❸の食材とトマトはそれぞれフープロにかける。
5. しらすは熱湯をかけてフープロ、食パン、鶏ささみは切ってラップで包む。
6. ❶、❹、❺を冷凍する。

MONDAY 月曜日

1回目

しらすのミルクパンがゆ→作り方P34

材料 9・2・7×各1回分

トマトの野菜スープ煮→作り方P27

材料 5×1回分、11×1個

2回目

10倍がゆ→作り方P20

材料 1×1回分

かぼちゃと豆腐のとろ煮→作り方P22

材料 6×1回分、絹ごし豆腐大さじ1

TUESDAY 火曜日

かぼちゃのおかゆ→作り方P22

材料 6・1×各1回分

キャベツとしらすのだし煮→作り方P28

材料 4・9×各1回分、11×1個

10倍がゆ→作り方P20

材料 1×1回分

白身魚とじゃがいものマッシュ→作り方P33

材料 8・7×各1回分、洋風だし（BF／粉末）1本

MEMO 白身魚だけだとパサパサしがちですが、とろとろじゃがいもを加えれば、まろやかで食べやすくなるのでおすすめです。

WEDNESDAY 水曜日

トマトとしらすミルクかゆ

材料 5・1・9×各1回分、粉ミルク小さじ¼

作り方 耐熱ボウルに粉ミルク以外の材料を入れ、ふんわりとラップをして電子レンジで2分～2分30秒加熱し、粗熱をとる。粉ミルクを加えてよく混ぜながら冷ます。

豆乳パンがゆ→作り方P32

材料 2×1回分、無調整豆乳大さじ2

かぼちゃのペースト 材料 6×1回分

作り方 耐熱ボウルに冷凍かぼちゃペースト、水大さじ1を入れ、ふんわりとラップをして電子レンジで30秒～1分加熱し、よく混ぜながら冷ます。

THURSDAY 木曜日

1 回目

かぶのそうめんがゆ→作り方P31
材料 10・3×各1回分、12×1個

トマトとじゃがいものミルク煮
材料 5・7×各1回分、粉ミルク小さじ¼
作り方 耐熱ボウルに粉ミルク以外の材料と水大さじ1を入れ、ふんわりとラップをして電子レンジで1分30秒～2分加熱し、粗熱をとる。粉ミルクを加えてよく混ぜながら冷ます。

2 回目

10倍がゆ→作り方P20
材料 1×1回分

かぼちゃと豆腐のとろ煮→作り方P22
材料 6×1個、絹ごし豆腐大さじ1

MEMO 豆腐は冷凍すると食感が変わるので、一度湯通ししてから水けをきって使います。絹ごし豆腐の方がなめらかな口当たりに。

FRIDAY 金曜日

1 回目

じゃがいものパンがゆ→作り方P29
材料 7・2×各1回分、12×1個

トマトと豆腐のとろとろ
材料 5×1回分、11×1個、絹ごし豆腐大さじ1、とろみのもと（BF／粉末）¼本
作り方 耐熱ボウルにとろみのもと以外の材料と水大さじ1を入れ、ふんわりとラップをして電子レンジで1分30秒～2分加熱し、とろみのもとを加えてよく混ぜながら冷ます。

2 回目

10倍がゆ→作り方P20
材料 1×1回分

白身魚のすり流し→作り方P33
材料 8×1回分

MEMO 白身魚のすり流しは、魚のおいしさをそのまま味わえるシンプル味。冷凍キャベツペーストと合わせてレンチンしても。

取り分け離乳食 ❶

素材フリージング&レンチン離乳食の他に、大人の料理からの取り分けもおすすめです。

チキンカレー

材料（4人分）

鶏もも肉1枚、じゃがいも2個、にんじん1本、玉ねぎ½個、カレールウ4人分

作り方

1 じゃがいも、にんじんは皮をむき、食べやすい大きさの乱切りにし、玉ねぎは8等分のくし形切りにする。鶏肉は脂を取り除き、食べやすい大きさに切る。

2 鍋ににんじん、じゃがいも、鶏肉、水600～700mlを加えて火にかけ、アクを取りながら沸騰させる。玉ねぎを加え、野菜がやわらかくなるまで煮る。

3 2にカレールウを入れ、とろみがつくまで煮込む。

取り分け離乳食

5、6ヵ月頃

じゃがいもにんじんがゆ

材料と作り方

① 耐熱ボウルに作り方2から取り分けたじゃがいも、にんじん各10gを入れ、水大さじ2を加え、ふんわりとラップをして電子レンジで1分30秒～2分加熱して野菜をさらにやわらかくする。

② フードプロセッサーに❶、10倍がゆ（P20）20gを入れてなめらかになるまで撹拌し、冷ます。

7、8ヵ月頃

根菜うどん

材料と作り方

① 耐熱ボウルに作り方2から取り分けたじゃがいも、にんじん、玉ねぎ各20gを入れ、冷凍とろとろうどん（P48）2個を加える。ふんわりとラップをして電子レンジで1分～1分30秒加熱する。

② ❶のじゃがいも、にんじん、玉ねぎをフォークで食べやすい大きさになるまでつぶしながら混ぜ、冷ます。

9～11ヵ月頃

肉じゃが丼

材料と作り方

① 耐熱ボウルに作り方2から鶏肉は皮を取り除いて20g、じゃがいも、にんじん、玉ねぎ各25g、スープ（カレールウを入れる前のもの）大さじ3を取り分ける。

② ❶にしょうゆ小さじ½を加え、ふんわりとラップをして電子レンジで30秒～1分加熱し、沸騰させ、粗くつぶしながら冷ます。

③ ❷を温めた5倍がゆ（P72）にかける。

1才～1才半頃

赤ちゃんカレー

材料と作り方

① 耐熱ボウルに作り方2から取り分けた鶏肉、じゃがいも、にんじん、玉ねぎ各30g、スープ60～70mlを入れ、子供用カレールウ大さじ½～1を加えてよく混ぜる。

② ❶にふんわりとラップをして電子レンジで1分～1分30秒加熱し、沸騰させる。食べやすい大きさに切りながら混ぜ、冷ます。

③ ❷を温めた軟飯（P104）90gにかける。

食べられる
食材も増える!

1日2回食でも
レンチンで
ラクラク!

Part 3
7、8ヵ月頃の離乳食アイデア&レシピ

食べ物をつぶして飲み込むことが
できるようになり、少しずつ
食べられるものも増えてきました。
1日2回の離乳食も
フリージング食材を組み合わせて
レンジで簡単に作りましょう。

素材キューブを
組み合わせて!

7、8ヵ月頃の離乳食のきほん

1日2回食が安定し、すっかり離乳食にも慣れてくる時期。
少しずつかたさも調整しながら、ステップアップしていきましょう。

かたさの目安

7倍がゆ

やわらかい粒が少し残るふわふわ状の7倍がゆで。

にんじんペースト

やわらかくゆでて、フードプロセッサーで粗めにかけたペースト状。切るなら2〜3mmのみじん切りに。

進め方

5、6ヵ月頃の離乳食を上手に飲み込めるようになったら、豆腐ぐらいのかたさに。

おすわりが安定して、ずりばいをするようになる時期。おっぱいやミルクだけでは栄養が足りなくなるので、食品の数を増やしていきましょう。そして、食材のかたさも豆腐ぐらいの指で軽くつまむとつぶれるものにしていきます。最初はかたさを5、6ヵ月頃と同じにして、食材の大きさを変えて様子を見ながら進めていきましょう。赤ちゃんが慣れている食材から挑戦してみるのもよいでしょう。

まだ食べられないなら前の状態に戻せばOK。かたさのイメージがつかないときは、市販のベビーフードを使ってみるのもおすすめ。栄養バランスやかたさの参考になります。

1日のタイムスケジュールの目安

	22:00	20:00	18:00	16:00	14:00	12:00	10:00	8:00	6:00	
今まで通り、時間帯は変えずに1日2回食で。繰り返して生活リズムを整えましょう。	母乳・ミルク		母乳・ミルク&離乳食2回目		母乳・ミルク		母乳・ミルク&離乳食1回目		母乳・ミルク	2回食

あると便利！ とろみづけ食材

なめらかなペースト状からステップアップするときは、とろみをつけると◎。

片栗粉

だし煮やスープ煮などのように水分の多いものに。同量の水で溶いて加えて。

きな粉

そのまま汁けのあるものに加えるだけ。きな粉の風味は赤ちゃんも大好き。

麩

ビニール袋に入れ、砕いてから加えてとろみづけに。たんぱく質源としても。

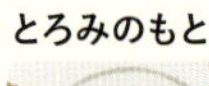

とろみのもと

市販のBFを利用するのもおすすめ。とろみの参考にもなります。

7、8ヵ月頃の離乳食テク!

キューブフリージング&レンジでチン!

フリージングは、製氷皿に入れた
キューブ型がおすすめ!
離乳食のバリエーションが広がります。

テクニック

レンチンして…

食材を耐熱ボウルに食材を入れてふんわりとラップをし、電子レンジで加熱。

フープロでガーッ!

粗熱がとれたら、フードプロセッサーにかけて粗めのペースト状に。

フリージング!

数種類の食材をレンチン&フープロにかけたら、製氷皿に入れて冷凍保存を。

離乳食を作るときは、2～3種類のキューブを組み合わせて、耐熱ボウルに入れ、ふんわりラップを。

**製氷皿に入れて
キューブ型に冷凍**

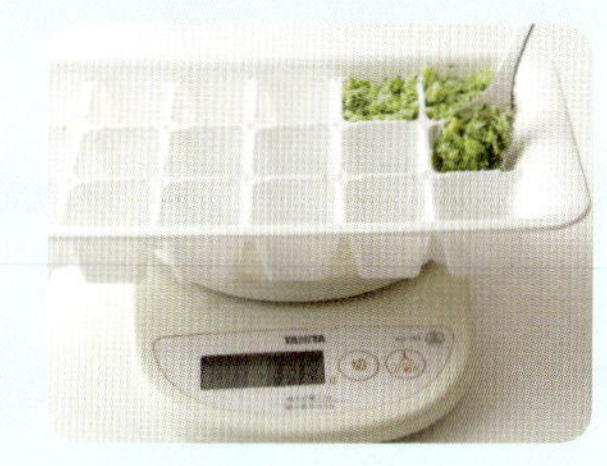

製氷皿（1個25g入るもの）に入れて冷凍する。固まったら製氷皿から出し、冷凍用保存袋に入れ、冷凍保存する。

炭水化物

食パン

耳は除き、1cm角に切ってから保存しましょう。

8枚切りの食パン2枚で50個分!

角切り食パン

1.5cm幅に

キッチンばさみで耳を切り落とし、1.5cm幅に切る。

1.5cm角に

さらに1.5cm角に切る。

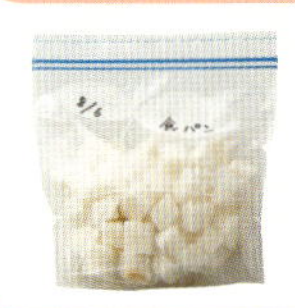

＼フリージング／

冷凍用保存袋に入れて冷凍する。

おかゆ

ペースト状にはせずに、おかゆで大丈夫。ごはんで作れるから簡単。

ごはん150gで9個分!

7倍がゆ

煮る場合

鍋にごはん、水450mlを入れ、ほぐしながら中火にかけ、沸騰させる。煮たったら弱火にして15分ほど煮て、火を止め、ふたをして15分ほど蒸らす。

レンチンの場合

耐熱ボウルにごはん、水450mlを入れ、バラバラになるようにかき混ぜる。ラップをしないで電子レンジで10分加熱し、すぐにラップをして15分ほど蒸らす。

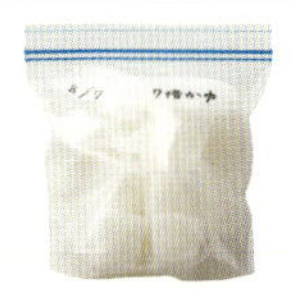

＼フリージング／

製氷皿（1個25g入るもの）に入れて冷凍する。固まったら製氷皿から出し、冷凍用保存袋に入れ、冷凍保存する。

たんぱく質

ゆで卵の黄身

はじめは黄身だけ食べさせるのもおすすめ。ペースト状にして食べやすく。

ゆで卵の黄身2個分で8回分!

マッシュ卵

手でもむ

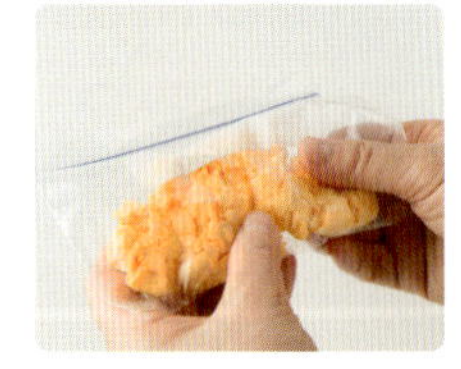

沸騰した湯に酢少量を加え、卵を入れ、8分ゆで、冷水にとる。黄身を冷凍用保存袋に入れ、手でもんで細かくする。

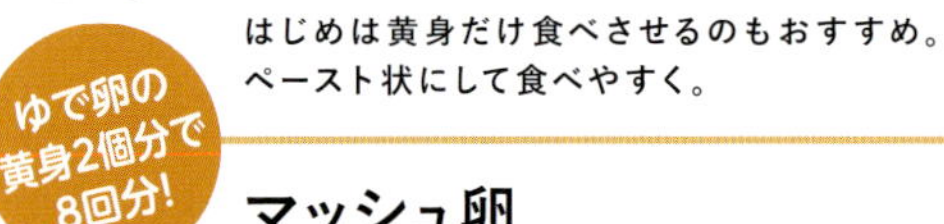

＼フリージング／

空気を抜くように閉じて平らにのばし、冷凍する。少しずつ（5～7gずつ）折りながら使用する。

うどん

やわらかめに加熱して、粗めに撹拌。赤ちゃんも食べやすく、便利な食材です。

ゆでうどん180g（1袋）で9個分!

とろとろうどん

レンチン

耐熱ボウルにゆでうどん、かぶるくらいの水を入れ、ふんわりとラップをして電子レンジで8分～10分加熱し、粗熱をとる。

フープロ

水を少量加えながら、粗めに撹拌する。

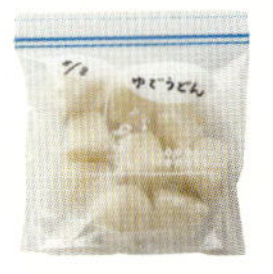

＼フリージング／

製氷皿（1個25g入るもの）に入れて冷凍する。固まったら製氷皿から出し、冷凍用保存袋に入れ、冷凍保存する。

たんぱく質

ツナ缶・鮭缶

オイル漬け、水煮はどちらも
熱湯をかけて油や塩抜きしましょう。

ツナ水煮缶 鮭缶 各1缶(80g)で8個分!

ツナ缶ペースト、鮭缶ペースト

熱湯をかける

軽く水けをきったツナ、軽く水けをきって骨を取り除いた鮭は、それぞれザルにのせ、熱湯を回しかける。

フープロ

それぞれ、熱湯を少量加え、粗めに撹拌する。

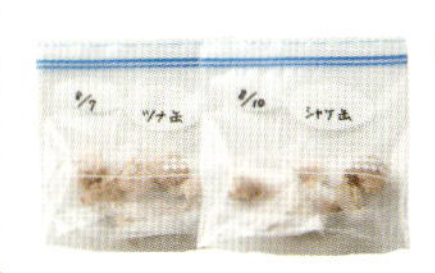

＼フリージング／

大さじ1ずつ製氷皿に入れ、冷凍する。固まったら製氷皿から出し、冷凍用保存袋に入れ、冷凍保存する。

鶏肉

ささみに慣れてからむね肉を
食べさせるのがおすすめ!

鶏むね肉100g or 鶏ささみ2本で9個分!

鶏ペースト

レンチン

筋を取り除いたささみ、または皮と脂を取り除いたむね肉は1.5cm幅に切り、耐熱容器に入れ、ひたひたの水を加え、ふんわりとラップをして2分～2分30秒加熱し、そのまま2分おく。

フープロ

アクを取り除いたゆで汁を少量ずつ加えながら、粗めに撹拌する。

＼フリージング／

製氷皿に入れて冷凍する。固まったら製氷皿から出し、冷凍用保存袋に入れ、冷凍保存する。

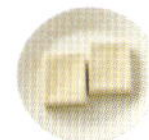

高野豆腐

高たんぱくで消化がよいのでおすすめ。
保存もきくので常備しておくと便利です。

高野豆腐2枚で10個分!

みじん切り高野豆腐

戻して切る

水で戻して手で水けを絞り、1cm角に切る。

フープロ

粗めに撹拌する。

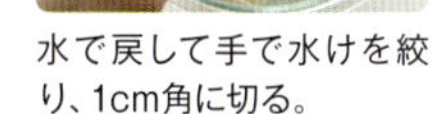

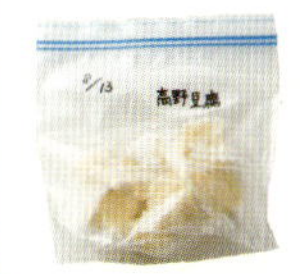

＼フリージング／

製氷皿に入れて冷凍する。固まったら製氷皿から出し、冷凍用保存袋に入れ、冷凍保存する。

赤身魚

脂質が多い赤身魚は、
白身魚に慣れてから食べさせて!

刺身用赤身まぐろ7切れ、鮭2切れで8個分!

まぐろペースト、鮭ペースト

レンチン

まぐろ、皮と骨を取り除いた鮭は水で洗い、それぞれ耐熱ボウルに入れ、ひたひたの水を加え、ふんわりラップをして電子レンジで3分加熱し、そのまま2分おく。

フープロ

ゆで汁を加えながら粗めに撹拌する。

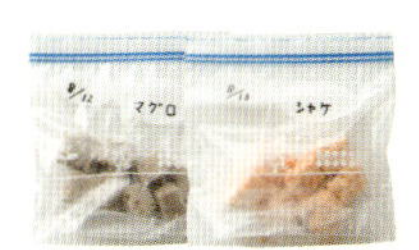

＼フリージング／

製氷皿に入れて冷凍する。固まったら製氷皿から出し、冷凍用保存袋に入れ、冷凍保存する。

かぶ

葉も一緒に攪拌すれば、
栄養がしっかりとれます！

かぶ1個で9個分！

みじん切りかぶ

レンチン　フープロ

皮をむいて1cm角に切り、葉は1cm幅に切る。耐熱容器に入れ、ひたひたの水を加え、ふんわりとラップをして電子レンジで2〜3分加熱し、そのまま2分ほどおく。

粗めに攪拌する。

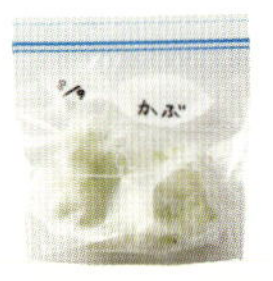

＼フリージング／

製氷皿に入れて冷凍する。固まったら製氷皿から出し、冷凍用保存袋に入れ、冷凍保存する。

グリーンアスパラガス

かたい部分を取り除けば、
なめらかで食べやすい！

グリーンアスパラガス5本で8個分！

みじん切りアスパラ

レンチン　フープロ

下のかたい部分を切り落とす。皮がかたい場合はピーラーで取り除き、1cm幅に切り、耐熱ボウルに入れ、ひたひたの水を加え、ふんわりとラップをして5分加熱し、そのまま2分ほどおく。

ゆで汁を少しずつ加えながら、粗めに攪拌する。

＼フリージング／

製氷皿に入れて冷凍する。固まったら製氷皿から出し、冷凍用保存袋に入れ、冷凍保存する。

かぼちゃ

皮を除いてやわらかく加熱したら、
つぶすだけでいいから簡単！

かぼちゃ1/8個で10個分！

かぼちゃペースト

レンチン

フープロ

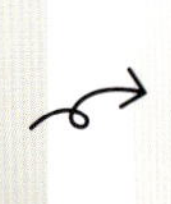

皮と種を取り除いて1.5cm角に切り、さっと水にくぐらせ、耐熱容器に入れる。ふんわりとラップをして電子レンジで3分加熱し、一度取り出してさっと混ぜ、再度ラップをして電子レンジで1分30秒加熱し、そのまま2分ほどおく。

フォークやマッシャーで粗めにつぶす。

＼フリージング／

製氷皿に入れて冷凍する。固まったら製氷皿から出し、冷凍用保存袋に入れ、冷凍保存する。

オクラ

とろみがあるから、食べやすい！
スープやみそ汁に入れても◎。

オクラ5本で8個分！

みじん切りオクラ

レンチン　1cm角に

ヘタを切り落として縦半分に切る。耐熱容器に入れ、ひたひたの水を加え、ふんわりとラップをして電子レンジで3分加熱し、そのまま2分ほどおく。

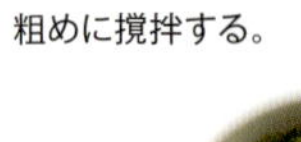

粗めに攪拌する。

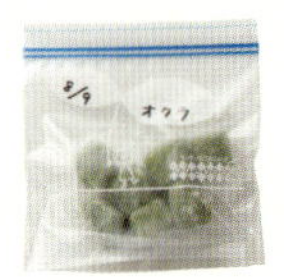

＼フリージング／

製氷皿に入れて冷凍する。固まったら製氷皿から出し、冷凍用保存袋に入れ、冷凍保存する。

トマト

ビタミン豊富で栄養◎。
ほどよい酸味で、味に変化が出るのでおすすめ。

トマト中2個で8個分!

みじん切りトマト

皮と種を取る

トマトは皮を湯むきし、ヘタと種を取り除き、粗めのざく切りにする。

フープロ

粗めに撹拌する。

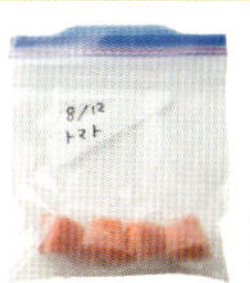

＼フリージング／

製氷皿に入れて冷凍する。固まったら製氷皿から出し、冷凍用保存袋に入れ、冷凍保存する。

ズッキーニ

かぼちゃの一種。
皮ごと調理できるからラクチンです。

ズッキーニ1本で10個分!

みじん切りズッキーニ

レンチン

1cm角に切って耐熱ボウルに入れ、ひたひたの水を加え、ふんわりとラップをして電子レンジで3分加熱し、そのまま2分ほどおく。

フープロ

粗めに撹拌する。

＼フリージング／

製氷皿に入れて冷凍する。固まったら製氷皿から出し、冷凍用保存袋に入れ、冷凍保存する。

にんじん

ほんのり甘みがあるにんじんは、
カロテンや食物繊維が豊富。

にんじん1本で10個分!

みじん切りにんじん

レンチン

皮をむいて1cm角に切り、耐熱ボウルに入れる。ひたひたの水を加え、ふんわりラップをして電子レンジで3分加熱し、そのまま2分ほどおく。

フープロ

粗めに撹拌する。

＼フリージング／

製氷皿に入れて冷凍する。固まったら製氷皿から出し、冷凍用保存袋に入れ、冷凍保存する。

玉ねぎ

加熱して甘みアップ。
通年手に入りやすく、使いやすい野菜です。

玉ねぎ1個で12個分!

みじん切り玉ねぎ

レンチン

1cm角に切り、耐熱ボウルに入れ、ひたひたの水を加え、ふんわりとラップをして電子レンジで3分加熱し、そのまま2分ほどおく。

フープロ

粗めに撹拌する。

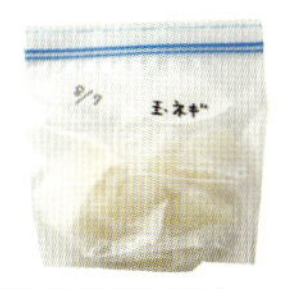

＼フリージング／

製氷皿に入れて冷凍する。固まったら製氷皿から出し、冷凍用保存袋に入れ、冷凍保存する。

ブロッコリー

やわらかいつぼみ部分を使って作ります。
ビタミンCが豊富で免疫力アップに。

ブロッコリー½個で7個分!

みじん切りブロッコリー

レンチン

小房に分けて耐熱ボウルに入れ、ひたひたの水を加え、ふんわりとラップをして電子レンジで3分加熱し、そのまま2分ほどおいて、手でつぶれるくらいのやわらかさにする。

フープロ

回りやすくするためにゆで汁を少しずつ加えながら、粒が残る程度に撹拌する。

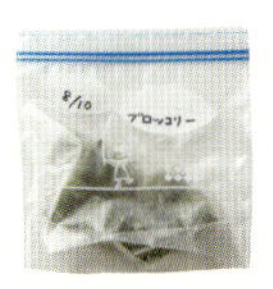

＼フリージング／

製氷皿に入れて冷凍する。固まったら製氷皿から出し、冷凍用保存袋に入れ、冷凍保存する。

パプリカ

皮は赤ちゃんにとっては食べにくいので、
むいてから使って!

赤パプリカ1個で6個分!

みじん切りパプリカ

焼く

種とヘタを取り除き、皮面を上にして耐熱皿にのせ、オーブントースターで焦げ目がつくまで焼き、熱いうちにラップに包み、10分ほどおく。

皮をむいてフープロ

皮をむき、さっと水洗いしてざく切りにし、粗めに撹拌する。

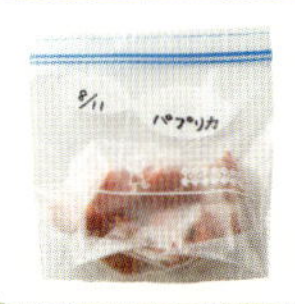

＼フリージング／

製氷皿に入れて冷凍する。固まったら製氷皿から出し、冷凍用保存袋に入れ、冷凍保存する。

じゃがいも

主食にもなり、つぶしやすいので便利。
赤ちゃんも食べやすい!

じゃがいも2個で10個分!

つぶしじゃがいも

レンチン

皮をむき、芽は取り除き、1.5cm角に切る。水にさらしてアク抜きし、水けをきって耐熱容器に入れ、ふんわりとラップをして電子レンジで3分加熱し、一度取り出してさっと混ぜ、再度ラップをして電子レンジで1分30秒加熱し、そのまま2分ほどおく。

つぶす

フォークやマッシャーで粗めにつぶす。

＼フリージング／

製氷皿に入れて冷凍する。固まったら製氷皿から出し、冷凍用保存袋に入れ、冷凍保存する。

ピーマン

苦味が苦手な赤ちゃんには、
少しずつ様子を見ながら食べさせましょう。

ピーマン3個で7個分!

みじん切りピーマン

レンチン

種とヘタを取り除き、半分に切り、耐熱ボウルに入れる。ひたひたの水を加え、ふんわりとラップをして電子レンジで3分加熱し、そのまま2分ほどおく。

フープロ

ゆで汁を少量加えながら粗めに撹拌する。

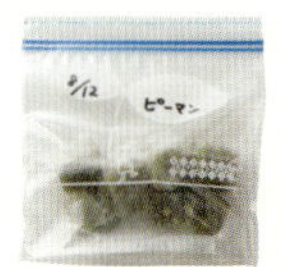

＼フリージング／

製氷皿に入れて冷凍する。固まったら、製氷皿から出し、冷凍用保存袋に入れ、冷凍保存する。

バナナ

少量ずつしか食べない赤ちゃんには、
冷凍保存がピッタリです！

バナナ1本で8個分!

輪切りバナナ

切る

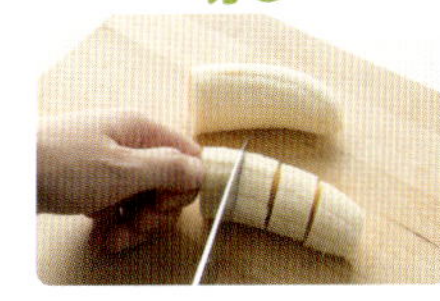

皮をむき、内側の繊維も取り除き、1.5cm幅の輪切りにする。

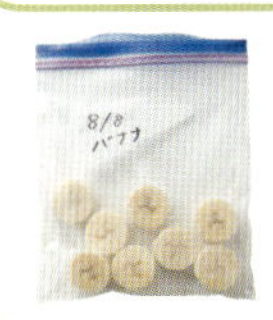

＼フリージング／

冷凍用保存袋に入れて冷凍する。

さつまいも

食物繊維がたっぷりで、
便秘ぎみのときにおすすめ食材。

さつまいも½本で10個分!

つぶしさつまいも

レンチン　　つぶす

皮を厚めにむき、1.5cm角に切る。水にさらしてアク抜きし、水けをきって耐熱容器に入れ、ふんわりとラップをして電子レンジで3分加熱し、一度取り出してさっと混ぜ、再度ラップをして電子レンジで1分30秒加熱し、そのまま2分ほどおく。

フォークやマッシャーで粗めにつぶす。

＼フリージング／

製氷皿に入れて冷凍する。固まったら製氷皿から出し、冷凍用保存袋に入れ、冷凍保存する。

column

「だしポット」で作る水だしのススメ

「だしポット」で作る簡単「水だし」の紹介です。ポットがあれば、かつお節と昆布に水を注いで一晩おくだけでOKです。

1　昆布とかつお節をカゴに入れる

だしポットのカゴに昆布2cm角とかつお節1パック（2～2.5g）を入れます。

2　水につけて冷蔵庫で一晩おく

1をだしポットにセットしたら、水を注いでふたをし、そのまま冷蔵庫に入れて一晩おきます。使うときは、そのまま注ぐだけでOK。冷蔵で3日保存できます。

わかめ

塩蔵わかめは、塩抜きしてから食べさせて。
乾燥わかめ3gを戻して代用してもOK！

塩蔵わかめ20gで6個分!

みじん切りわかめ

レンチン　　フープロ

水で塩抜きしながら、やわらかく戻し、茎を除いてざく切りにする。耐熱ボウルに入れてひたひたの水を加え、ふんわりとラップをして電子レンジで3分加熱し、そのまま2分ほどおく。

5mm四方くらいの粗さに撹拌する。

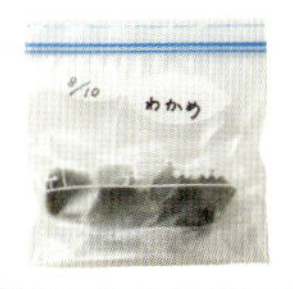

＼フリージング／

製氷皿に入れて冷凍する。固まったら製氷皿から出し、冷凍用保存袋に入れ、冷凍保存する。

7、8カ月頃

キューブ×キューブで レンジでチン! 離乳食

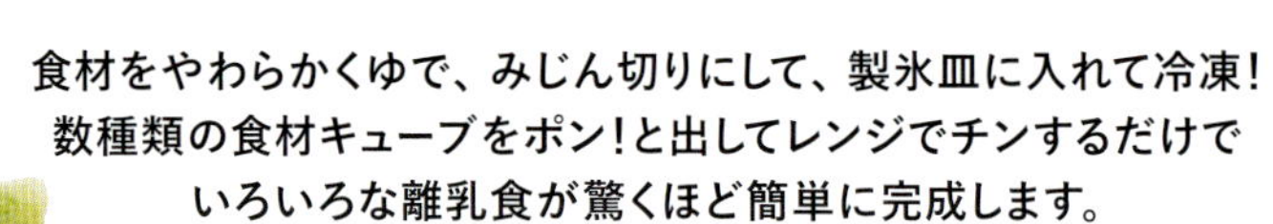

食材をやわらかくゆで、みじん切りにして、製氷皿に入れて冷凍!
数種類の食材キューブをポン!と出してレンジでチンするだけで
いろいろな離乳食が驚くほど簡単に完成します。

炭水化物

納豆ごはん

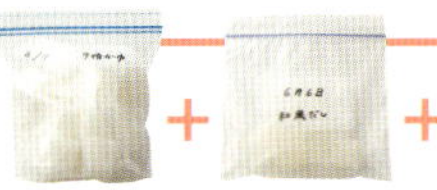
+

+

+

納豆は湯通しして、ぬめりをとると食べやすい

材料

Ⓐ 冷凍7倍がゆキューブ (P48)……2個
Ⓐ 冷凍和風だしキューブ (P15)……1個

ひきわり納豆……小さじ2
青のり……小さじ¼

MEMO
ひきわり納豆をまとめて買ったときは、そのまま製氷機に入れてフリージングしても。

作り方

1. 耐熱ボウルにⒶを入れ、ふんわりとラップをして電子レンジで2分～2分30秒加熱し、沸騰させ、冷ます。
2. ひきわり納豆はザルに入れ、熱湯を通す。
3. ❶に❷を入れて混ぜ、青のりをかける。

わかめとささみのおかゆ

+

+

+

材料

冷凍7倍がゆキューブ (P48)……2個
冷凍鶏ささみキューブ (P49)……1個
冷凍わかめキューブ (P53)……1個
冷凍うまみだしキューブ (P15)……1個

作り方

1. 耐熱ボウルに全ての材料を入れ、ふんわりとラップをして電子レンジで2分～2分30秒加熱し、沸騰させる。
2. ❶をよく混ぜながら冷ます。

うまみだしの味が広がって優しい味わい!

MEMO
わかめとささみのうまみがおいしいおかゆ。献立は野菜のみの離乳食 (P60～61) を1品組み合わせてバランスよく。

シーフードチャウダーパンがゆ

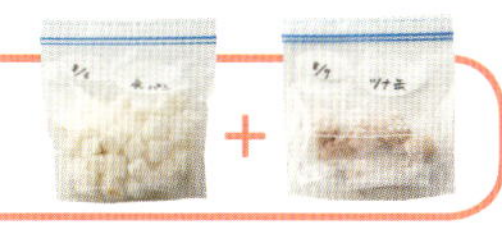

材料

A［冷凍角切り食パン（P48）……8個
　 冷凍ツナ缶キューブ（P49）……1個
ホワイトソース（BF／粉末）……1本

MEMO
市販のベビーフードのホワイトソースは常備しておくと便利。他にも、粉末タイプの果汁やだしなどもあると何かと使えます。

作り方

❶ 耐熱ボウルにA、水大さじ2を入れ、ふんわりとラップをして、電子レンジで1分～1分30秒加熱し、沸騰させ、粗熱をとる。

❷ ❶にホワイトソースを加え、よく混ぜながら冷ます。

野菜うどん

にんじんの色合が
きれいで、
見た目も◎

材料

冷凍うどんキューブ（P48）……2個
冷凍玉ねぎキューブ（P51）……1個
冷凍にんじんキューブ（P51）……1個
冷凍野菜だしキューブ（P15）……1個

作り方

❶ 耐熱ボウルに全ての材料を入れ、ふんわりとラップをして電子レンジで2分～2分30秒加熱し、沸騰させる。

❷ ❶をよく混ぜながら冷ます。

MEMO
玉ねぎとにんじんの自然な甘みがおいしいとろとろうどん。食べづらそうなときは、とろみをつけてあげて。

高野豆腐のほうとううどん

材料

冷凍うどんキューブ（P48）……2個
冷凍かぼちゃキューブ（P50）……1個
冷凍玉ねぎキューブ（P51）……1個
冷凍高野豆腐キューブ（P49）……1個
冷凍和風だしキューブ（P15）……1個

作り方

❶ 耐熱ボウルに全ての材料を入れ、ふんわりとラップをして電子レンジで2分～2分30秒加熱し、沸騰させる。

❷ ❶をよく混ぜながら冷ます。

かぼちゃと
玉ねぎの甘みが
おいしい！

MEMO
高野豆腐とかぼちゃがポイントのほうとううどん。食材キューブは同じ食材がなくても、にんじんやズッキーニなどでもOKです。

まぐろとにんじんとさつまいもの煮物

 ＋  ＋  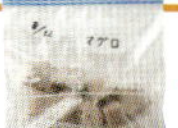 ＋ 

まぐろのうまみで、
赤ちゃんも
パクパク食べられる

材料

Ⓐ
- 冷凍にんじんキューブ（P51）……1個
- 冷凍さつまいもキューブ（P53）……1個
- 冷凍赤身魚（まぐろ）キューブ（P49）……1個
- 冷凍野菜だしキューブ（P15）……1個

作り方

1. 耐熱ボウルに全ての材料を入れ、ふんわりとラップをして電子レンジで2分〜2分30秒加熱し、沸騰させる。
2. ❶をよく混ぜながら冷ます。

MEMO
にんじんとさつまいもの自然な甘みで、魚もおいしく。まぐろはパサパサしがちなので、よく混ぜてから与えて。

わかめと高野豆腐のとろとろ煮

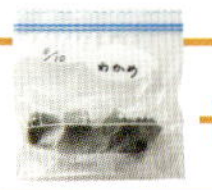 ＋ 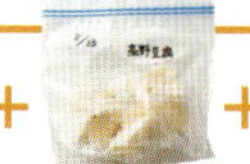 ＋ 

とろみをつけると
口当たりが
よくなる！

材料

Ⓐ
- 冷凍わかめキューブ（P53）……1個
- 冷凍高野豆腐キューブ（P49）……1個
- 冷凍和風だしキューブ（P15）……1個

とろみのもと（BF／粉末）……1本

MEMO
わかめと高野豆腐の和風の煮物。高野豆腐が少しパサつきがちなので、ベビーフードのとろみのもとで食べやすくして。

作り方

1. 耐熱ボウルにⒶを入れ、ふんわりとラップをして電子レンジで2分〜2分30秒加熱し、沸騰させる。
2. ❶にとろみのもとを加えてよく混ぜて溶かし、冷ます。

とろみのもとは、電子レンジで加熱したあとに加えてよく混ぜてから冷まして。

納豆のカラフルサラダ

 ＋  ＋  ＋ 

材料

Ⓐ
- 冷凍アスパラキューブ（P50）……1個
- 冷凍パプリカキューブ（P52）……1個
- 冷凍うまみだしキューブ（P15）……1個

ひきわり納豆……10g

作り方

1. 耐熱ボウルにⒶ、湯通しした納豆を入れ、ふんわりとラップをして電子レンジで2分〜2分30秒加熱し、沸騰させる。
2. ❶を混ぜながら冷ます。

MEMO
納豆はとろみがつくので、この時期常備しておきたい食材。ひきわり納豆ぐらいの大きさとかたさがこの時期にぴったり。

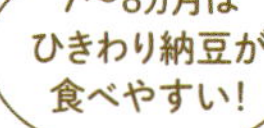

7〜8ヵ月は
ひきわり納豆が
食べやすい！

まぐろとわかめとパプリカ和え

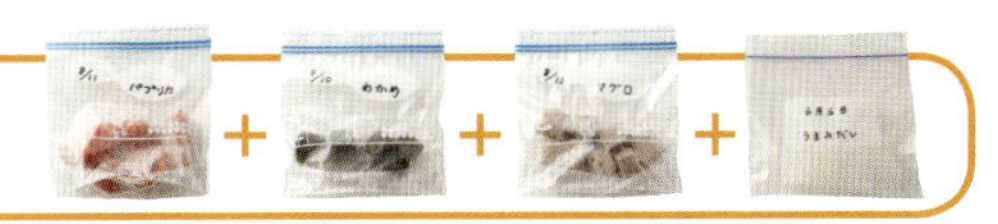

材料

Ⓐ
- 冷凍パプリカキューブ（P52）……1個
- 冷凍わかめキューブ（P53）……1個
- 冷凍赤身魚（まぐろ）キューブ（P49）……1個
- 冷凍うまみだしキューブ（P15）……1個

とろみのもと（BF／粉末）……⅓～½本

作り方

❶ 耐熱ボウルにⒶを入れ、ふんわりとラップをして電子レンジで2分～2分30秒加熱し、沸騰させる。

❷ ❶にとろみのもとを加えてよく混ぜて溶かし、冷ます。

とろみのもとは、電子レンジで加熱したあとに加えてよく混ぜてから冷まして。

アスパラと鶏と豆腐のとろとろ煮

 ＋  ＋  ＋ 

材料

Ⓐ
- 冷凍アスパラキューブ（P50）……1個
- 冷凍鶏むね肉キューブ（P49）……1個
- 冷凍うまみだしキューブ（P15）……1個

絹ごし豆腐……大さじ2
水溶き片栗粉……小さじ1

作り方

❶ 耐熱ボウルにⒶ、豆腐を入れ、ふんわりとラップをして電子レンジで2分～2分30秒加熱し、沸騰させる。

❷ ❶に水溶き片栗粉を加え、ふんわりとラップをして電子レンジで30秒～1分加熱し、豆腐をつぶしながらよく混ぜながら冷ます。

まぐろとアスパラとお麩の煮物

 ＋  ＋   ＋ 

材料

Ⓐ
- 冷凍アスパラキューブ（P50）……1個
- 冷凍赤身魚（まぐろ）キューブ（P49）……1個
- 冷凍野菜だしキューブ（P15）……1個

麩……2個

作り方

❶ 耐熱ボウルに麩を入れてスプーンで粉状にし、Ⓐをのせ、ふんわりとラップをして電子レンジで2分～2分30秒加熱し、沸騰させる。

❷ ❶をよく混ぜながら冷ます。

MEMO
麩を入れるととろみがつく他、ふわふわの食感にもなり、赤ちゃんは大好き。まぐろとアスパラを麩でふんわりとまとめます。

ズッキーニとツナの煮物

材料

Ⓐ
- 冷凍ズッキーニキューブ（P51）……2個
- 冷凍ツナ缶キューブ（P49）……1個
- 冷凍和風だしキューブ（P15）……1個

水溶き片栗粉……小さじ1

作り方

❶ 耐熱ボウルにⒶを入れ、ふんわりとラップをして電子レンジで2分～2分30秒加熱し、沸騰させる。

❷ ❶に水溶き片栗粉を加え、よく混ぜながら冷ます。

MEMO
ツナ缶キューブがない場合は、ツナの水煮缶から15g取り出し、茶こしにのせて熱湯をかけ、フォークでよくほぐしてから使いましょう。

鮭とグリーン野菜の温サラダ

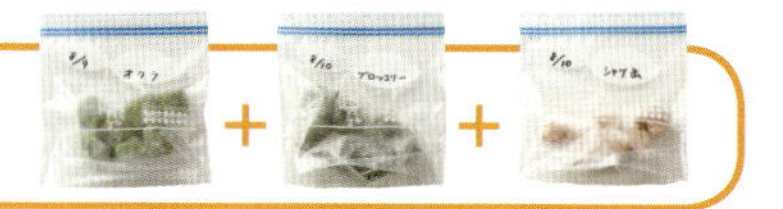

材料

Ⓐ
- 冷凍オクラキューブ（P50）……1個
- 冷凍ブロッコリーキューブ（P52）……1個
- 冷凍鮭缶キューブ（P49）……1個

とろみのもと（BF／粉末）……1本

作り方

❶ 耐熱ボウルにⒶ、水大さじ1を入れ、ふんわりとラップをして電子レンジで2分～2分30秒加熱し、沸騰させる。

❷ ❶にとろみのもとを加え、よく混ぜながら冷ます。

鮭のうまみで、
野菜をおいしく
食べられる

高野豆腐とオクラのとろとろスープ

材料

- 冷凍オクラキューブ（P50）……1個
- 冷凍高野豆腐キューブ（P49）……1個
- 冷凍和風だしキューブ（P15）……1個

作り方

❶ 耐熱ボウルに全ての材料を入れ、ふんわりとラップをして電子レンジで2分～2分30秒加熱し、沸騰させる。

❷ ❶をよく混ぜながら冷ます。

MEMO
オクラのねばねばは、ほどよいとろみになるので、この時期おすすめの食材。赤ちゃんの便秘対策にもぴったりです。

ピーマンとまぐろのうどんがゆ

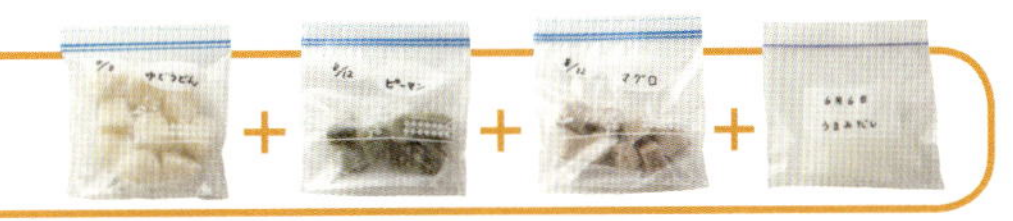

材料

冷凍うどんキューブ（P48）……2個
冷凍ピーマンキューブ（P52）……1個
冷凍赤身魚（まぐろ）キューブ（P49）……1個
冷凍うまみだしキューブ（P15）……1個

作り方

1. 耐熱ボウルに全ての材料を入れ、ふんわりとラップをして電子レンジで2分～2分30秒加熱し、沸騰させる。
2. ❶を混ぜながら冷ます。

MEMO
やわらかいうどんに、ピーマンとうまみのあるまぐろがよく合う離乳食です。だしのうまみも広がっておいしい！

ツナとかぼちゃとにんじんのサラダ

材料

冷凍かぼちゃキューブ（P50）……1個
冷凍にんじんキューブ（P51）……1個
冷凍ツナ缶キューブ（P49）……1個

作り方

1. 耐熱ボウルに全ての材料と水大さじ1を入れ、ふんわりとラップをして電子レンジで2分～2分30秒加熱し、沸騰させる。
2. ❶をよく混ぜながら冷ます。

MEMO
かぼちゃとにんじんの緑黄色野菜の組み合わせ。赤ちゃんの免疫力を高めます。ツナが入っているからたんぱく質も補給できて◎。

アスパラと鮭のクリーム煮

材料

Ⓐ
- 冷凍アスパラキューブ（P50）……1個
- 冷凍玉ねぎキューブ（P51）……1個
- 冷凍赤身魚（鮭）キューブ（P49）……1個

ホワイトソース（BF／粉末）……1本

作り方

1. 耐熱ボウルにⒶを入れ、ふんわりとラップをして電子レンジで2分～2分30秒加熱し、沸騰させる。
2. ❶にホワイトソースを加え、よく混ぜながら冷ます。

鮭とアスパラ、玉ねぎキューブをレンチンしたら、BFのホワイトソースを加えてよく混ぜて。

ズッキーニのガスパチョ風

材料

Ⓐ
- 冷凍ズッキーニキューブ(P51)……1個
- 冷凍トマトキューブ(P51)……1個
- 冷凍野菜だしキューブ(P15)……1個

冷凍角切り食パン(P48)……1個

作り方

❶ 耐熱容器にⒶを入れ、ふんわりとラップをして電子レンジで2分~2分30秒加熱し、沸騰させる。

❷ ❶に冷凍角切り食パンをくずしながら加えて混ぜ、冷ます。

パプリカとさつまいものポタージュ

材料

冷凍パプリカキューブ(P52)……1個
冷凍さつまいもキューブ(P53)……1個
冷凍野菜だしキューブ(P15)……1個

作り方

❶ 耐熱ボウルに全ての材料を入れ、ふんわりとラップをして電子レンジで2分~2分30秒加熱し、沸騰させる。

❷ ❶をよく混ぜながら冷ます。

鮮やかな
赤いスープで、
目でも楽しめる!

MEMO
甘みの強いパプリカに、やさしい甘みのさつまいもがほどよくマッチ。さつまいものなめらかな口当たりがおいしい一品。

チーズとブロッコリーのマッシュポテト

材料

冷凍ブロッコリーキューブ(P52)……1個
冷凍じゃがいもキューブ(P52)……2個
冷凍野菜だしキューブ(P15)……1個
カッテージチーズ……小さじ1

食材キューブをレンチンしてから、カッテージチーズを加えて。

作り方

❶ 耐熱ボウルに全ての材料を入れ、ふんわりとラップをして電子レンジで2分~2分30秒加熱し、沸騰させる。

❷ ❶にカッテージチーズを加えてよく混ぜながら冷ます。

MEMO
カッテージチーズは、あらかじめ、製氷皿に入れてフリージングしておいてもOK。野菜や魚の風味づけにも最適です。

ブロッコリーのマッシュ

材料

冷凍ブロッコリーキューブ（P52）……1個
冷凍じゃがいもキューブ（P52）……1個
冷凍うまみだしキューブ（P15）……1個

作り方

❶ 耐熱ボウルに全ての材料を入れ、ふんわりとラップをして電子レンジで2分～2分30秒加熱し、沸騰させる。

❷ ❶をよく混ぜながら冷ます。

MEMO
じゃがいもがなめらかなので、ブロッコリーの食感も気にせず食べられます。ホワイトソース（BF／粉末）適量を加えても。

オクラとかぶのすり流し

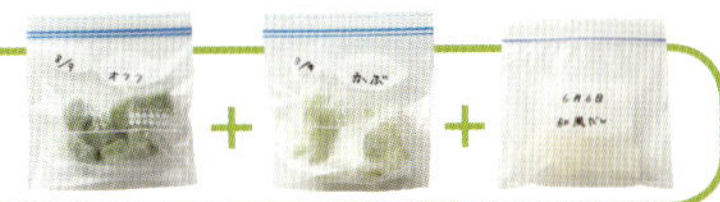

材料

冷凍オクラキューブ（P50）……1個
冷凍かぶキューブ（P50）……1個
冷凍和風だしキューブ（P15）……1個

作り方

❶ 耐熱容器に全ての材料を入れ、ふんわりとラップをして電子レンジで2分～2分30秒加熱し、沸騰させる。

❷ ❶をよく混ぜながら冷ます。

MEMO
やわらかいかぶととろとろのオクラで喉越しのよい離乳食。食欲がないときでも食べやすいので病中病後にもおすすめ。

ズッキーニとかぼちゃのマッシュ

材料

冷凍かぼちゃキューブ（P50）……2個
冷凍ズッキーニキューブ（P51）……1個
冷凍野菜だしキューブ（P15）……1個

作り方

❶ 耐熱ボウルに全ての材料を入れ、ふんわりとラップをして、電子レンジで2分～2分30秒加熱し、沸騰させる。

❷ ❶を混ぜながら冷ます。

MEMO
かぼちゃにズッキーニを加えることで、さっぱりと食べやすくなります。ベビーフードのりんごなどの粉末果汁を加えても◎。

フリージングで！

7、8カ月頃の献立カレンダー

きほんは2回食！
食品の数や調理法の
バリエーションを
増やしましょう！

この時期は、今までのかたさや味に飽きてくる頃。いろいろな食材をフリージングして試してみましょう。

7、8カ月頃の離乳食ステップアップ！

炭水化物

7倍がゆをきほんに、パンがゆ、うどん、そうめん、パスタなどのバリエーションを。野菜やたんぱく質と混ぜてワンディッシュにしても。

たんぱく質

豆腐や納豆、白身魚をメインに、鮭やまぐろ、カッテージチーズなども食べられるように。肉なら鶏ささみを。かたゆで卵は卵黄から少量ずつ。

ビタミン・ミネラル

食べられる野菜に加えて、オクラやブロッコリーなどの野菜や海藻類もプラス。とろとろにしたわかめは風味づけにもおすすめ。

「主食＋おかず1～2品」で肉類や卵黄などもスタートさせて

この時期の献立は「主食＋おかず1～2品」がきほん。栄養バランスを考えておかゆなどの主食に、たんぱく質と野菜のおかずを1～2品。食べる量は個人差があるので、食事時間を10分程度にし、それ以上は無理じいしないようにしましょう。離乳食の時間帯は、毎日決まった時間がベスト。

献立のPOINT3

1 炭水化物、たんぱく質、ビタミン・ミネラル類を意識する

離乳食からとる栄養が増えるので、少しずつ栄養バランスを意識しましょう。きほんは主食の炭水化物、主菜のたんぱく質、副菜のビタミン・ミネラルです。

2 いろいろな食材や調理法を組み合わせて食べる楽しみを

口をもぐもぐと動かし、食べ物を舌で上あごに押しつけて食べる練習なので、いろいろな食材をとり入れましょう。調味料は使いませんが、食材の組み合わせでバリエーションを広げて。

3 慣れないうちは、2回食のうち、1回は量を少なめに

食べる量は個人差があるので、母子手帳の成長曲線に沿っているなら、あまり気にすることはありません。慣れないうちはどちらか1食の量を少なめにして、リズムを大切にしても。

炭水化物＋たんぱく質＋ビタミン・ミネラルを1日2回

パターンA

フリージングLIST

1 冷凍7倍がゆ →作り方P48

2 冷凍うどんキューブ →作り方P48

3 冷凍角切り食パン →作り方P48

4 冷凍アスパラキューブ →作り方P50

5 冷凍トマトキューブ →作り方P51

6 冷凍パプリカキューブ →作り方P52

7 冷凍ピーマンキューブ →作り方P52

8 冷凍ブロッコリーキューブ →作り方P52

9 冷凍輪切りバナナ →作り方P53

10 冷凍鶏ささみキューブ →作り方P49

11 冷凍赤身魚（まぐろ）キューブ →作り方P49

12 冷凍野菜だしキューブ →作り方P15

13 冷凍うまみだしキューブ →作り方P15

「1食は主食＋おかずに、もう1食はワンディッシュでも！」

いろいろな食材をとり入れるためにも食材キューブは多めに作っておくと便利。面倒なときは、野菜の種類を減らすなどして、無理せず、できる範囲で。

段取りMEMO

1. 7倍がゆ、角切り食パン、だし類を作る。
2. その間に野菜、バナナを切る。バナナはラップで包む。
3. パプリカは焼いて皮をむく。
4. アスパラ、ピーマン、ブロッコリー、鶏ささみ、まぐろはゆでる。うどんはレンチンする。
5. ❷のトマト、❸と❹はフープロにかける。
6. ❶、バナナ、❺を冷凍する。

MONDAY 月曜日

1回目

7倍がゆ

材料と作り方　耐熱ボウルに1 2個、水大さじ½を入れ、ふんわりとラップをして電子レンジで2分30秒～3分加熱し、よく混ぜながら冷ます。

納豆とブロッコリーとのトマト和え物

材料と作り方

1. 耐熱ボウルに5、8各1個を入れ、ふんわりとラップをして電子レンジで2分加熱し、沸騰させる。
2. ❶に湯通ししたひきわり納豆10gを加え、よく混ぜながら冷ます。

2回目

イタリアンリゾット

材料と作り方

1. 耐熱ボウルに1 2個、6、11各1個を入れ、ふんわりとラップをして電子レンジで2分～2分30秒加熱し、沸騰させる。
2. ❶をよく混ぜながら冷まし、カッテージチーズ小さじ1を加えてよく混ぜる。

TUESDAY 火曜日

1 回目

アスパラの洋風うどん

材料と作り方

1. 耐熱ボウルに2 2個、4、10、13各1個を入れ、ふんわりとラップをして電子レンジで2分～2分30秒加熱し、沸騰させる。
2. 1をよく混ぜながら冷ます。

2 回目

MEMO 甘みの強いパプリカはふわふわの絹ごし豆腐と合わせて甘めに味つけを。ミルクパンがゆと合わせれば、赤ちゃんも大喜びの献立に。

ミルクパンがゆ

材料と作り方

1. 耐熱ボウルに3 8個、水大さじ2を入れ、ふんわりとラップをして電子レンジで1分～1分30秒加熱し、沸騰させる。
2. 1をつぶすように混ぜながら冷まし、粉ミルク小さじ½を加えて混ぜる。

パプリカのフルーツ豆腐

材料と作り方

1. 耐熱ボウルに6 1個、絹ごし豆腐大さじ1を入れ、ふんわりとラップをして電子レンジで1分～1分30秒加熱し、沸騰させる。
2. 1の豆腐をつぶしながら、粗熱をとり、りんごジュース（BF／粉末）1本を加え、冷ます。

WEDNESDAY 水曜日

1 回目

7倍がゆ→作り方P63　材料 1×2個

納豆のカラフルサラダ→作り方P56

材料 4・6・13×各1個　ひきわり納豆10g

2 回目

ピーマンとまぐろのうどんがゆ→作り方P59

材料 2×2個、7・11・13×各1個

THURSDAY 木曜日

チーズとフルーツのパングラタン

材料と作り方

❶ 耐熱ボウルに3 8個、9 1個、カッテージチーズ小さじ1、水大さじ2を入れ、ふんわりとラップをして電子レンジで1分30秒～2分加熱し、沸騰させる。
❷ ❶のパンとバナナをくずしながら混ぜ、粗熱がとれたら粉ミルク小さじ½を加えて混ぜる。

MEMO パンとカッテージチーズとバナナを合わせた洋風パングラタン。粉ミルクを加えればさらにマイルドに。

7倍がゆ→作り方P63　材料 1×2個

まぐろとアスパラとお麸の煮物→作り方P57
材料 4・11・12×各1個　麸2個

FRIDAY 金曜日

ブロッコリーとバナナのミルクがゆ

材料と作り方

❶ 耐熱ボウルに3 8個、8、9各1個、水大さじ2を入れ、ふんわりとラップをして電子レンジで2分～2分30秒加熱し、沸騰させ、粗熱をとる。
❷ ❶に粉ミルク小さじ½を加え、よく混ぜながら冷ます。

MEMO とろとろ煮には、おかゆの他にうどんを合わせるのもおすすめ。和風だしと食材のうまみで十分おいしい一品に。

だしうどん

材料と作り方

❶ 耐熱ボウルに2 2個、12 1個を入れ、ふんわりとラップをして電子レンジで2分～2分30秒加熱し、沸騰させる。
❷ ❶をよく混ぜながら冷ます。

アスパラと鶏と豆腐のとろとろ煮

→作り方P57

材料

4・10・13×各1個、絹ごし豆腐大さじ2、水溶き片栗粉小さじ1

食材を変えて簡単献立！ パターンB

フリージングLIST

1 冷凍7倍がゆ×2
→作り方P48

2 冷凍うどんキューブ
→作り方P48

3 冷凍オクラキューブ
→作り方P50

4 冷凍かぼちゃキューブ
→作り方P50

5 冷凍ズッキーニキューブ
→作り方P51

6 冷凍ブロッコリーキューブ
→作り方P52

7 冷凍じゃがいもキューブ
→作り方P52

8 冷凍わかめキューブ
→作り方P53

9 冷凍鶏ささみキューブ
→作り方P49

10 冷凍ツナ缶キューブ
→作り方P49

11 冷凍鮭缶キューブ
→作り方P49

12 冷凍野菜だしキューブ
→作り方P15

13 冷凍和風だしキューブ
→作り方P15

14 冷凍うまみだしキューブ
→作り方P15

「1日のたんぱく質が過剰にならないように注意しましょう」

この時期はたんぱく質の食材が増えますが、過剰にとるのは避けましょう。1回あたりの分量は肉と魚で10～15g程度。1日2回食でバランスよくとり入れて。

段取りMEMO

1. 7倍がゆ、だし類を作る。
2. その間に野菜、わかめ、ささみを切る。
3. ❷とうどんはレンチンする。
4. その間に、ツナ缶と鮭缶に熱湯をかける。
5. 食材をフープロにかける、またはつぶす。
6. ❶、❺、❻を冷凍する。

MONDAY 月曜日

1回目

7倍がゆ→作り方P63 材料 1×2個

鮭とグリーン野菜の温サラダ→作り方P58

材料 3・6・11×各1個、
とろみのもと（BF／粉末）1本

2回目

青のりとかぼちゃのチーズパンがゆ

材料と作り方

1. 耐熱ボウルに4 1個、耳を切り落とした8枚切り食パン15～20g、カッテージチーズ小さじ1、水大さじ2を入れ、ふんわりとラップをして電子レンジで1分～1分30秒、加熱する。
2. ❶にりんごジュース（BF／粉末）1本を加え、パンをつぶすように、よく混ぜながら冷ます。青のり小さじ1/5をかける。

TUESDAY 火曜日

洋風肉野菜うどん

材料と作り方

① 耐熱ボウルに2 2個、3、9各1個、ホワイトソース（BF／粉末）1本、水大さじ1を入れ、ふんわりとラップをして電子レンジで2分～2分30秒加熱し、沸騰させる。
② ❶をよく混ぜながら冷ます。

1回目

MEMO オクラのとろみとホワイトソースで全体をまとめたクリーミーな洋風うどん。鶏ささみも入っているのでこの一皿で栄養満点です。

2回目

わかめとささみのおかゆ→作り方P54

材料 1×2個、8・9・14×各1個

ズッキーニとかぼちゃのマッシュ→作り方P61

材料 4×2個、5・12×各1個

WEDNESDAY 水曜日

ミルクがゆ

材料と作り方

① 耐熱ボウルに1 2個を入れ、ふんわりとラップをして電子レンジで2分～2分30秒加熱し、沸騰させる。
② ❶をよく混ぜながら冷まし、粉ミルク小さじ½を加えてよく混ぜる。

ブロッコリーのマッシュ

→作り方P61

材料

6・7・14×各1個

1回目

MEMO シンプルですが、食べやすい献立です。マイルドなミルクがゆに、ぽってりとしたブロッコリーのマッシュは赤ちゃんも好きな組み合わせ。

2回目

7倍がゆ→作り方P63 材料 1×2個

ズッキーニとツナの煮物→作り方P58

材料 5×2個、10・13×1個、水溶き片栗粉小さじ1

THURSDAY 木曜日

ミルクパンがゆ

材料と作り方

❶ 耐熱ボウルに8枚切り食パン½枚分、水大さじ2を加え、ふんわりとラップをして電子レンジで40秒～1分加熱し、沸騰させる。
❷ ❶を混ぜながら冷まし、粉ミルク小さじ½を加えて混ぜる。

納豆温サラダ

材料と作り方

❶ 耐熱ボウルに5、6各1個、湯通ししたひきわり納豆10g、水大さじ1を入れ、ふんわりとラップをして電子レンジで2分～2分30秒加熱し、沸騰させる。
❷ ❶に和風だし（BF／粉末）1本を加え、よく混ぜる。

MEMO ひきわり納豆にグリーン野菜のキューブを組み合わせれば、栄養バランス満点の1皿に。納豆はパンがゆにも意外に合うのでお試しを。

だしうどん

材料と作り方

❶ 耐熱ボウルに2 2個、13 1個を入れ、ふんわりとラップをして電子レンジで2分～2分30秒加熱し、沸騰させる。
❷ ❶をよく混ぜながら冷ます。

オクラのとろとろチーズマッシュ

材料と作り方

❶ 耐熱容器に3 1個、7 2個、14 1個、カッテージチーズ小さじ1を入れ、ふんわりとラップをして電子レンジで2分～2分30秒加熱し、沸騰させる。
❷ ❶を混ぜながら冷ます。

FRIDAY 金曜日

オクラとささみのおかゆ

材料と作り方

❶ 耐熱容器に1 2個、3、9、13各1個を入れ、ふんわりとラップをして電子レンジで2分～2分30秒加熱し、沸騰させる。
❷ ❶をよく混ぜながら冷ます。

7倍がゆ →作り方P63

材料 1×2個

ブロッコリー鮭あんかけ

材料と作り方

❶ 耐熱ボウルに6、11、13各1個を入れ、ふんわりとラップをして電子レンジで1分30秒～2分加熱し、沸騰させる。
❷ ❶に水溶き片栗粉小さじ1を加えてよく混ぜ、さらに電子レンジで30～40秒加熱し、よく混ぜながら冷ます。

MEMO
オクラとブロッコリーの調理野菜も、冷凍キューブなら簡単。鮭缶の他、ツナ缶や鶏ささみで作ってもおいしいのでおすすめ。

角切り&
細切りゆで野菜も
フリージング！

Part 4

9～11ヵ月頃の離乳食アイデア&レシピ

いよいよ3回食になります。
手づかみで食べようとしたり、
味覚が発達してくる時期です。
手で持って食べやすいものや、
味つけに変化をつけながら、
バリエーションを増やしましょう。

麺、卵、根菜、
海藻メニューも
たくさん！

手づかみメニューも
豊富に紹介！

9～11ヵ月頃の離乳食のきほん

唇を閉じて上手に食べられるようになったら、
1日3回食に進みましょう。手づかみ食べも始めてみて。

進め方

唇を閉じて口をモグモグ動かして食べるようになったら、1日3回食に。

豆腐ぐらいのかたさの食べ物を、口を閉じて上手に食べられるようになったら、9～11ヵ月頃の離乳食に進みましょう。そして1日3回食にします。生活リズムを整えながら、離乳食との間は3～4時間は空けましょう。最初は今までの2回食の時間帯と夕方の3回に。慣れたら家族と一緒の時間に食べましょう。好奇心が旺盛になるので、「手づかみ食べ」が始まります。栄養面では鉄が不足しがちになるので、レバーやほうれん草、まぐろ、牛肉、豆製品などの鉄を多く含む食材をとり入れましょう。

かたさの目安

5倍がゆ
指でつまんでつぶれるぐらいのバナナのようなかたさ。ごはんのつぶつぶが残るぐらい。

にんじんスティック
5mm角の棒状をやわらかくゆでたもの。指で押しつぶせるぐらいのかたさ。

1日のタイムスケジュールの目安

3回食（慣れるまで）

6:00	母乳・ミルク
10:00	離乳食1回目 & 母乳・ミルク
14:00	離乳食2回目 & 母乳・ミルク
18:00	離乳食3回目 & 母乳・ミルク
22:00	母乳・ミルク

今までの2回食に1回食をプラスして。慣れてきたら、朝、昼、夜と大人と同じ時間帯に。

9ヵ月頃から使える調味料

少量なら、塩、みそ、しょうゆ、マヨネーズ、ケチャップなどもOK。

塩・砂糖

しょうゆ

みそ

マヨネーズ

バター

ケチャップ（無添加のもの）

9〜11ヵ月頃の離乳食テク！

キューブフリージング&レンジでチン！

大きさや形が違う食材をまとめてフリージング。
組み合わせてレンチンするだけで、
1品でき上がり！

テクニック1

**切って
レンチン！**

5mm角の棒状に切ったにんじんを耐熱ボウルに入れて、レンチンでやわらかくゆでて。

**はかって
フリージング！**

1回分ずつはかって、容器に並べ、そのままフリージングを。凍ったら冷凍保存袋へ。

テクニック2

**魚や肉は
ミンチにして…**

そのまま冷凍もできますが、フープロでミンチにすると食べやすいのでおすすめ。

**丸めてレンチン
&フリージング！**

赤ちゃんのひと口大に丸め、耐熱皿に並べてレンチンした後、粗熱をとったら冷凍保存袋へ。

**キューブを
組み合わせて…**

数種類の食材キューブとだしキューブを合わせてレンチンするだけで完成！

レンチンで
完成!!

うどん

細かく刻んだ程度に
フープロで撹拌させて。

冷凍うどん2玉で8個分!

刻みうどん

レンチン

耐熱ボウルに冷凍うどん、ひたひたの水を加え、ふんわりとラップをして電子レンジで8分、やわらかくなるまで加熱し、洗って水けをきる。

フープロ

1.5~2cm幅になるまで撹拌する。

＼フリージング／

50~60gずつ保存容器に入れて冷凍する。固まったら保存容器から出し、冷凍用保存袋に入れ、冷凍保存する。

スパゲッティ

スパゲッティは少し弾力があるので、
やわらかくゆでてから食べさせて。

スパゲッティ(乾燥)100gで6個分!

刻みスパゲッティ

ゆでる

スパゲッティは塩を加えずに、指でつぶれるくらいのやわらかさまでゆで、水けをきる。

フープロ

1.5~2cm幅になるまで撹拌する。

＼フリージング／

50~60gずつ保存容器に入れて冷凍する。固まったら保存容器から出し、冷凍用保存袋に入れ、冷凍保存する。

おかゆ

5倍がゆは全がゆと同じこと。
炊飯器のおかゆの目盛りで炊いてもOK!

5倍がゆ

煮る場合

鍋にごはん250g、水500mlを入れて中火にかけ、沸騰したら弱火にし10分~15分煮る。

レンチンの場合

耐熱ボウルにごはん250g、水500mlを入れ、ふんわりとラップをして電子レンジで7~8分加熱し、そのまま5分おく。

炊飯器の場合

炊飯釜に米1合を入れ、1合のおかゆの目盛りまで水を加え、炊く。

＼フリージング／

5倍がゆが冷めたら、80~90gずつ保存容器に入れるか、またはラップに包んで冷凍保存袋に入れ、冷凍保存する。

MEMO

この時期から食べられる麺類は?

今まで食べていたうどんやそうめん、スパゲッティやマカロニに加え、中華麺、春雨なども食べられるようになります。弾力の強い麺は、やわらかくゆでてから刻んで与えましょう。

春雨

うどん、スパゲッティ、そうめん、中華麺などの代わりに使ってもOK！

刻み春雨

レンチン

耐熱ボウルに春雨、かぶるくらいの熱湯を入れ、やわらかくなったらふんわりとラップをして電子レンジで5分加熱し、そのまま2分おく。

フープロ

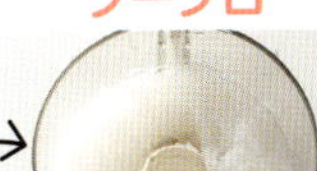

細かくなるまで撹拌する。

フリージング

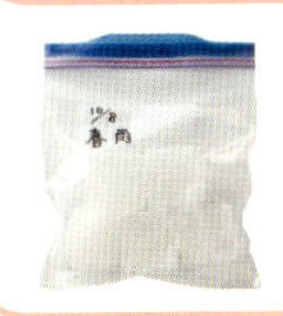

50〜60gずつ保存容器に入れて冷凍する。固まったら保存容器から出し、冷凍用保存袋に入れ、冷凍保存する。

そうめん

いろいろな食材と合わせやすく、短時間でやわらかくなるので便利。

そうめん2束で7個分!

刻みそうめん

ゆでる

指でつぶれるくらいのやわらかさまでゆで、よく水洗いして水けをきる。

フープロ

1.5〜2cm幅になるまで撹拌する。

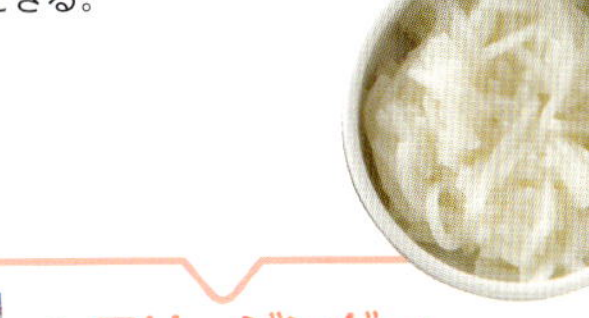

フリージング

50〜60gずつ保存容器に入れて冷凍する。固まったら保存容器から出し、冷凍用保存袋に入れ、冷凍保存する。

食パン

耳はかたいので取り除き、やわらかい部分を使いましょう。

角切り食パン

切る

キッチンばさみで耳を切り落とし、1.5cm幅に切り、半分の長さに切る。

フリージング

冷凍用保存袋に入れて冷凍保存する。使うときの1回分は1/2枚分。

食パンの他に食べられるパンは？

食パン以外なら、ロールパンもこの時期から食べられるように。輪切りにして手づかみで食べさせても。クロワッサンは脂肪が多すぎるのでまだNGです。

中華麺

コシがある中華麺もこの時期ならOK！やわらかくゆでてから使って。

中華麺2玉で6個分!

刻み中華麺

レンチン

湯通しして、耐熱ボウルに入れ、ひたひたの水を加え、ふんわりとラップをして電子レンジで8分加熱する。水で洗い、水けをきる。

フープロ

1.5〜2cm幅になるまで撹拌する。

フリージング

50〜60gずつ保存容器に入れて冷凍する。固まったら保存容器から出し、冷凍用保存袋に入れ、冷凍保存する。

牛肉

脂の少ない赤身肉を使います。
噛みやすい薄切り肉が◎。

ほぐし牛肉

レンチン

脂を取り除き、1cm幅に切って耐熱ボウルに入れ、ひたひたの水を加え、ふんわりとラップをして電子レンジで3分加熱し、そのまま2分ほどおく。

フープロ

アクを取り除いたゆで汁を少量加えながら、粗めに撹拌する。

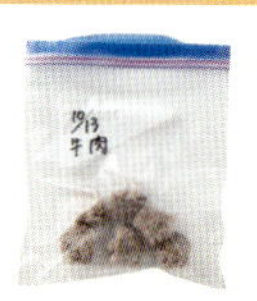

＼フリージング／

ゆで汁少量と一緒に10〜15gずつ製氷皿に入れて冷凍する。固まったら製氷皿から出し、冷凍用保存袋に入れ、冷凍保存する。

鶏肉

鶏ささみに慣れてから与えましょう。
皮と脂を取り除き、中まで加熱を。

ほぐし鶏肉

レンチン

皮と脂を取り除き、1.5cm幅に切って耐熱ボウルに入れ、ひたひたの水を加え、ふんわりとラップをして電子レンジで3分加熱し、そのまま2分おく。

フープロ

アクを取り除いたゆで汁を少量加えながら、粗めに撹拌する。

＼フリージング／

ゆで汁少量と一緒に10〜15gずつ製氷皿に入れて冷凍する。固まったら製氷皿から出し、冷凍用保存袋に入れ、冷凍保存する。

あじ

骨を取り除いて、団子にするのがおすすめ。
スープなどに入れても。

あじ団子

フープロ

骨があれば取り除き、1.5cm幅に切ってフードプロセッサーに入れる。みじん切りにした長ねぎ大さじ2、片栗粉大さじ½を加え、全体がしっかり混ざるまで撹拌する。

レンチン

1cmくらいの大きさに平たく丸め、クッキングシートを敷いた耐熱皿に並べる。クッキングシートの下に水大さじ1½を入れ、ふんわりとラップをして電子レンジで5分加熱し、そのまま2分ほどおき、粗熱をとる。

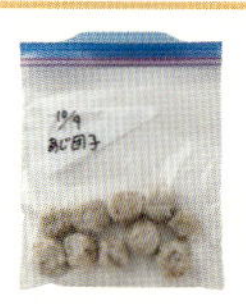

＼フリージング／

冷凍用保存袋に入れて冷凍保存する。

豚肉

鶏肉に慣れたら、豚肉にもチャレンジ！
脂は取り除いて。

ほぐし豚肉

レンチン

脂を取り除き、1cm幅に切って耐熱ボウルに入れ、ひたひたの水を加え、ふんわりとラップをして電子レンジで3分加熱し、そのまま2分ほどおく。

フープロ

アクを取り除いたゆで汁を少量加えながら、粗めに撹拌する。

＼フリージング／

ゆで汁少量と一緒に10〜15gずつ製氷皿に入れて冷凍する。固まったら製氷皿から出し、冷凍用保存袋に入れ、冷凍保存する。

卵

良質なたんぱく質で、栄養豊富な食材。
よく加熱して使って。

卵1個で5個分!

炒り卵

混ぜてレンチン

耐熱ボウルに卵、牛乳（または粉ミルクを水で溶いたもの）大さじ1を入れてよく混ぜ、ふんわりとラップをして電子レンジで50秒加熱し、泡立て器で手早く混ぜる。

再度レンチン

再びふんわりとラップをして50秒加熱し、泡立て器で手早く混ぜ、そぼろ状にする。

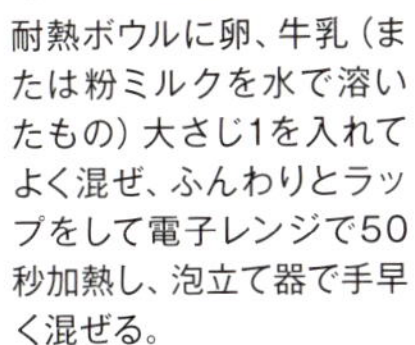

＼フリージング／

10〜15gずつ製氷皿に入れて冷凍する。固まったら製氷皿から出し、冷凍用保存袋に入れ、冷凍保存する。

かじきまぐろ

身はかためなので、スープに入れるなど食べやすく与えて。

かじきまぐろ1枚(80g)で7個分!

ほぐしかじきまぐろ

レンチン

1cm幅に切って耐熱ボウルに入れ、ひたひたの水を加え、ふんわりとラップをして電子レンジで3分加熱し、そのまま2分おく。

ほぐす

フォークで粗くほぐす。

＼フリージング／

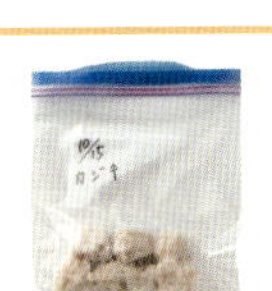

ゆで汁少量と一緒に10〜15gずつ製氷皿に入れて冷凍する。固まったら製氷皿から出し、冷凍用保存袋に入れ、冷凍保存する。

column

香辛料と油のこと

9〜11ヵ月頃から、少量の調味料が使えるようになりますが、油と香辛料はいつから使えるのでしょうか？　使う際のポイントをおさえましょう。

1 香辛料は1才頃から

カレー粉やソースは、1才頃から少量ならOK。こしょう、からし、わさび、七味唐辛子は刺激が強いので与えません。

カレー粉

ソース

2 油は9〜11ヵ月頃から

サラダ油、ごま油、オリーブ油、バターなど、油も少量なら使ってもOK。炒め物や焼き物などメニューの幅が広がります。

サラダ油

オリーブ油

ごま油

バター

ぶり

ビタミンE、Dがとれる魚です。
粗くほぐして使いましょう。

ぶり2切れ(正味100g)で7個分!

刻みぶり

レンチン

皮、血合い、骨を取り除き、1cm幅に切り、耐熱ボウルに入れる。ひたひたの水を加え、ふんわりとラップをして電子レンジで3分加熱する。

ほぐす

フォークで粗くほぐす。

＼フリージング／

10〜15gずつ製氷皿に入れて冷凍する。固まったら製氷皿から出し、冷凍用保存袋に入れ、冷凍保存する。

小松菜

鉄やカルシウムを含む小松菜は、
他の食材とも合わせやすい食材です。

小松菜(葉のみ)1株分で4個分!

刻み小松菜

レンチン

ざく切りにし、耐熱ボウルにひたひたの水と一緒に入れ、ふんわりとラップをして電子レンジで5分加熱し、そのまま2分ほどおく。

フープロ

粗みじん切りになるまで撹拌する。

フリージング

20gずつ製氷皿に入れて冷凍する。固まったら製氷皿から出し、冷凍用保存袋に入れ、冷凍保存する。

枝豆

たんぱく質が多い緑黄色野菜。
薄皮を取り除いて、食べやすくしましょう。

枝豆(正味)100gで7個分!

刻み枝豆

レンチン

房から豆を取りだし、薄皮も取り除き、耐熱ボウルにひたひたの水と一緒に入れ、ふんわりとラップをして電子レンジで5分加熱し、そのまま2分おく。

フープロ

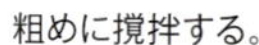

粗めに撹拌する。

フリージング

10〜15gずつ製氷皿に入れて冷凍する。固まったら製氷皿から出し、冷凍用保存袋に入れ、冷凍保存する。

さやいんげん

緑がきれいなさやいんげん。
筋を取って使いましょう。

さやいんげん7本で6個分!

刻みさやいんげん

レンチン

へたを切り落とし、筋を取って1cm幅に切る。耐熱ボウルにひたひたの水と一緒に入れ、ふんわりとラップをして電子レンジで5分加熱し、そのまま2分ほどおく。

フープロ

粗めに撹拌する。

フリージング

20〜30gずつ製氷皿に入れて冷凍する。固まったら製氷皿から出し、冷凍用保存袋に入れ、冷凍保存する。

かぼちゃ

やわらかいかぼちゃはヘラで粗くつぶせばOKです。栄養もバッチリ!

かぼちゃ1/8個で6個分!

かぼちゃマッシュ

レンチン

種と皮を取り除き、1cm角に切る。耐熱ボウルに入れ、ふんわりとラップをして電子レンジで4分加熱し、そのまま2分ほどおく。

つぶす

熱いうちにヘラで粗くつぶす。

フリージング

20〜30gずつ製氷皿に入れて冷凍する。固まったら製氷皿から出し、冷凍用保存袋に入れ、冷凍保存する。

にんじん

スティック状にして保存を。
食べるときは細かく切ってから使います。

にんじん1本で4個分!

にんじんスティック

切る

皮をむき、5mm角の棒状に切る。

レンチン

耐熱ボウルに入れ、ひたひたの水を加え、ふんわりとラップをして電子レンジで5分加熱し、そのまま2分ほどおいたら、冷ます。

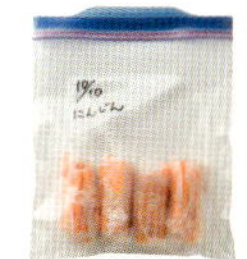

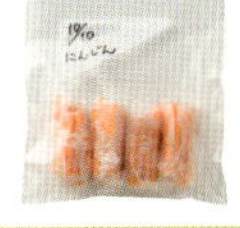

＼フリージング／

20〜30gずつラップに包み、冷凍用保存袋に入れて冷凍する。

玉ねぎ

加熱が足りないと、辛みが残り、
甘みが少ないのでよく加熱して。

玉ねぎ½個で4個分!

刻み玉ねぎ

フープロ

ざく切りにし、フードプロセッサーに入れて5mm角くらいの粗みじん切りになるまで撹拌する。

レンチン

耐熱ボウルに入れ、水大さじ1を加え、ふんわりとラップをして電子レンジで3分加熱し、そのまま1分ほどおく。

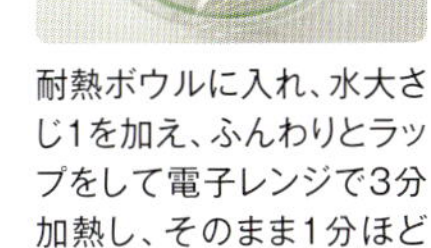

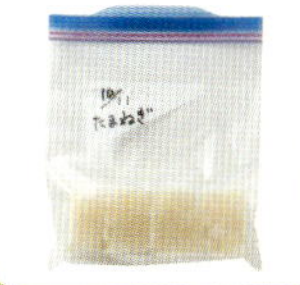

＼フリージング／

20〜30gずつ製氷皿に入れて冷凍する。固まったら製氷皿から出し、冷凍用保存袋に入れ、冷凍保存する。

さつまいも

角切りにしたら粗くつぶすだけでOK。
甘くて赤ちゃんにも人気!

さつまいも½本で6個分!

角切りさつまいも

レンチン

1.5cm幅の輪切りにし、皮を厚めにむき、水にさらす。輪切りを4等分に切り、耐熱ボウルに入れ、ふんわりとラップをして電子レンジで3分加熱し、そのまま2分ほどおく。

つぶす

熱いうちにヘラで粗くつぶす。

＼フリージング／

20〜30gずつ製氷皿に入れて冷凍する。固まったら製氷皿から出し、冷凍用保存袋に入れ、冷凍保存する。

長ねぎ

加熱すると甘くなります。
他の食材と組み合わせるのがおすすめ。

長ねぎ(白い部分)1本分で4個分!

刻み長ねぎ

切る

5mm幅の斜めに切れ目を入れ、ひっくり返して同様に5mm幅に切れ目を入れる。端から7mm幅に切って粗みじん切りにする。

レンチン

耐熱ボウルに入れ、水大さじ1を加え、ふんわりとラップをして電子レンジで3分加熱し、そのまま1分ほどおく。粗熱がとれたらよく混ぜる。

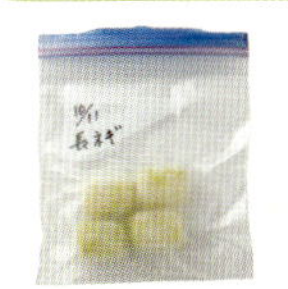

＼フリージング／

15〜20gずつ製氷皿に入れて冷凍する。固まったら製氷皿から出し、冷凍用保存袋に入れ、冷凍保存する。

ひじき

カルシウム、食物繊維が豊富。
独特な口当たりがあるので、細かく撹拌して。

ひじき（戻したもの）70gで7個分！

刻みひじき

湯通しする

水がきれいになるまで洗い、ザルにのせて熱湯を回しかける。

フープロ

みじん切りになるまで撹拌する。

＼フリージング／

10gずつ製氷皿に入れて冷凍する。固まったら製氷皿から出し、冷凍用保存袋に入れ、冷凍保存する。

里いも・じゃがいも

噛みやすいので、
角切りサイズの保存が便利。

里いも2個 じゃがいも1個で 6個分！

角切り里いも、角切りじゃがいも

レンチン

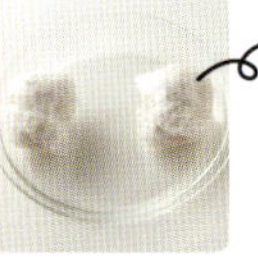

上下を切り落とした里いも、またはじゃがいもはペーパータオルで包んで水でぬらし、ラップで包んで電子レンジで3分～4分、中心を竹串で刺してすっと通るまで加熱し、そのまま2分ほどおく。

切る

皮をむき、1cm角に切る。

＼フリージング／

20～30gずつ製氷皿に入れて冷凍する。固まったら製氷皿から出し、冷凍用保存袋に入れ、冷凍保存する。

もずく・めかぶ

食物繊維が豊富な食材です。
湯通ししてから使いましょう。

もずく70g めかぶ70gで 7個分！

刻みもずく、刻みめかぶ

湯通しする

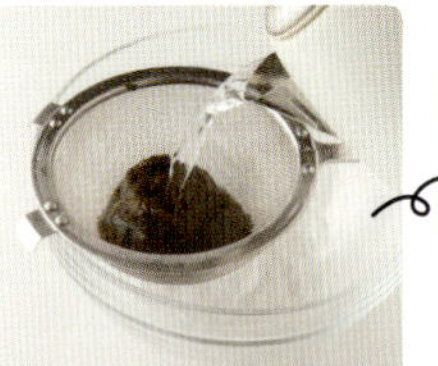

それぞれザルにのせて熱湯を回しかける。

切る

清潔なまな板の上に移し、包丁でたたいて細かく切る。

＼フリージング／

10～15gずつ製氷皿に入れて冷凍する。固まったら製氷皿から出し、冷凍用保存袋に入れ、冷凍保存する。

きのこ

食物繊維とビタミンDが豊富な食材。
みじん切りにすれば食べやすい。

しめじ or しいたけ ½パックで 6個分！

刻みきのこ

レンチン

石づきを切り落とし、耐熱ボウルにひたひたの水と一緒に入れ、ふんわりとラップをして電子レンジで5分加熱し、そのまま2分ほどおく。

フープロ

みじん切りになるように撹拌する。

＼フリージング／

15～20gずつ製氷皿に入れて冷凍する。固まったら製氷皿から出し、冷凍用保存袋に入れ、冷凍保存する。

9〜11カ月頃

キューブ×キューブで レンジでチン！離乳食

離乳食を作るたびに、かたさや大きさを調整するのは大変。
素材フリージングを作っておけばあとは組み合わせればOK！
あっという間に離乳食の準備ができるので手軽です。

＼炭水化物、たんぱく質、ビタミン・ミネラルが一皿でとれる！／

栄養ミックス

豆としらすのごはん

しらすのうまみで、ごはんがパクパク食べられる

材料

冷凍5倍がゆキューブ（P72）……1個
冷凍枝豆キューブ（P76）……1個
しらす（塩抜きする）……10g
しょうゆ……少々

作り方

1. 耐熱ボウルに全ての材料と水大さじ1を入れ、ふんわりとラップをして電子レンジで2分30秒〜3分加熱し、沸騰させる。
2. 1をよく混ぜながら冷ます。

MEMO
枝豆はあらかじめフリージングしておけば、薄皮をむく手間も省けて手軽。大きくて食べにくそうなら、つぶすなどの調整を。

きのこと卵の雑炊

 ＋  ＋  ＋  ＋ 

栄養豊富な卵と、食物繊維たっぷりなきのこの雑炊

材料

冷凍5倍がゆキューブ（P72）……1個
冷凍長ねぎキューブ（P77）……1個
冷凍きのこキューブ（P78）……1個
冷凍炒り卵キューブ（P75）……1個
冷凍和風だしキューブ（P15）……2個
しょうゆ……少々

作り方

1. 耐熱ボウルに全ての材料を入れ、ふんわりとラップをして電子レンジで2分〜2分30秒加熱し、沸騰させる。
2. 1をよく混ぜながら冷ます。

MEMO
うまみの強いきのこと長ねぎ、ふわふわの炒り卵を加えた栄養満点の一皿。組み合わせるなら、青菜などの野菜の1品を。

ミートパスタ

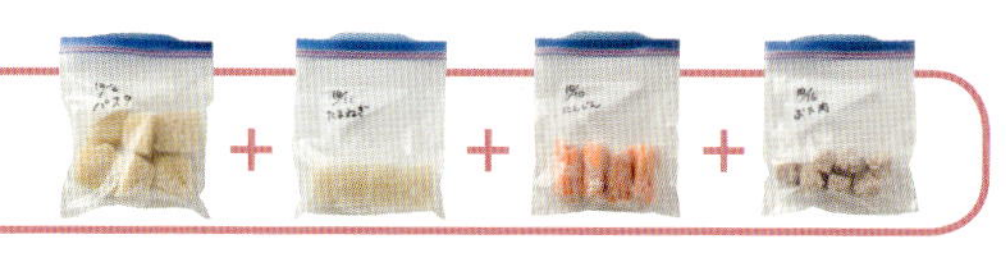

材料

冷凍スパゲッティキューブ(P72)……1個
冷凍玉ねぎキューブ(P77)……1個
冷凍にんじんスティック(P77)……1個
冷凍豚肉キューブ(P74)……1個
トマトペースト……大さじ½

作り方

❶ 耐熱ボウルに全ての材料を入れ、ふんわりとラップをして電子レンジで2分~2分30秒加熱し、沸騰させる。

❷ ❶のにんじんを小さく切り、よく混ぜながら冷ます。

牛肉といんげんの焼きそば

材料

Ⓐ
- 冷凍中華麺キューブ(P73)……1個
- 冷凍さやいんげんキューブ(P76)……1個
- 冷凍にんじんスティック(P77)……1個
- 冷凍牛肉キューブ(P74)……1個

和風だし(BF/粉末)……½本
とろみのもと(BF/粉末)……½本
しょうゆ……少々

作り方

❶ 耐熱ボウルにⒶ、水大さじ2を入れ、ふんわりとラップをして電子レンジで2分~2分30秒加熱し、沸騰させる。

❷ ❶のにんじんを小さく切り、和風だし、とろみのもと、しょうゆを加え、よく混ぜながら冷ます。

あじ団子のけんちんうどん

材料

Ⓐ
- 冷凍うどんキューブ(P72)……1個
- 冷凍にんじんスティック(P77)……5本
- 冷凍きのこキューブ(P78)……1個
- 冷凍あじ団子(P74)……2個
- 冷凍和風だしキューブ(P15)……2個

とろみのもと(BF/粉末)……½本
しょうゆ……少々

作り方

❶ 耐熱ボウルにⒶを入れ、ふんわりとラップをして電子レンジで2分~2分30秒加熱し、沸騰させる。

❷ ❶のにんじんを小さく切り、とろみのもと、しょうゆを加え、よく混ぜながら冷ます。

たんぱく質+ビタミン・ミネラル

鶏とさつまいものミートボール

材料

冷凍角切り食パン（P73）……1/8枚分

Ⓐ
- 冷凍さつまいもキューブ（P77）……1個
- 冷凍鶏肉キューブ（P74）……1個

バター……大さじ1/2

トマトペースト……少々

MEMO
食パンをパン粉代わりにして全体にまぶして焼くことで、さつまいものコロッケ風に。

作り方

1. 冷凍食パンはフードプロセッサーに入れ、細かく撹拌する。
2. 耐熱ボウルにⒶを入れ、ふんわりとラップをして電子レンジで1分30秒〜2分加熱し、沸騰させる。
3. ❷を1cmくらいに平たく丸め、❶を全体につけ、バターを熱したフライパンで転がすように焼き、トマトペーストをのせる。

里いもと鶏のトマトスープ

材料

Ⓐ
- 冷凍里いもキューブ（P78）……1個
- 冷凍鶏肉キューブ（P74）……1個
- トマトジュース（無塩）……大さじ1

塩……少々

MEMO
ねっとりとした里いもと鶏肉をトマトジュースでレンチンしただけで具沢山の一品に。

作り方

1. 耐熱ボウルにⒶ、水大さじ1を入れ、ふんわりとラップをかけ、電子レンジで1分30秒〜2分加熱し、沸騰させる。
2. ❶に塩を加え、里いもを荒くつぶしながらとろみをつけて冷ます。

豚と納豆のそぼろ

材料

Ⓐ
- 冷凍長ねぎキューブ（P77）……1個
- 冷凍豚肉キューブ（P74）……1個

ひきわり納豆……大さじ1

しょうゆ……少々

作り方

1. 耐熱ボウルにⒶを入れ、ふんわりとラップをして電子レンジで1分30秒〜2分加熱し、沸騰させる。
2. ❶に納豆、しょうゆを加え、よく混ぜながら冷ます。

MEMO
豚肉と長ねぎ、納豆のそぼろを作ったら、そのまま5倍がゆにのせたり、やわらかくゆでたうどん、そうめんと混ぜ合わせたりしても。

牛肉ときのこの和え物

牛肉ときのこで
うまみたっぷりの
おいしい一品

材料

- Ⓐ
  - 冷凍長ねぎキューブ（P77）……1個
  - 冷凍きのこキューブ（P78）……1個
  - 冷凍牛肉キューブ（P74）……1個
  - しょうゆ……小さじ1/5
- 水溶き片栗粉……小さじ1
- 白すりごま……小さじ1/2

作り方

1. 耐熱ボウルにⒶと水大さじ2を入れ、ふんわりとラップをして電子レンジで2分～2分30秒加熱し、沸騰させ、粗熱をとる。
2. ❶に水溶き片栗粉、白すりごまを加え、ラップをしないで電子レンジで30～40秒加熱する。よく混ぜながら冷ます。

小松菜とねぎとあじ団子のとろとろスープ

 ＋  ＋  ＋  

野菜と魚で
栄養バランスも
バッチリのおかず

材料

- Ⓐ
  - 冷凍小松菜キューブ（P76）……1個
  - 冷凍長ねぎキューブ（P77）……1個
  - 冷凍あじ団子（P74）……2個
  - 冷凍和風だしキューブ（P15）……3個
- とろみのもと（BF／粉末）……1/2本
- しょうゆ（みそでもOK）……少々

作り方

1. 耐熱ボウルにⒶを入れ、ふんわりとラップをして電子レンジで2分～2分30秒加熱し、沸騰させる。
2. ❶にとろみのもと、しょうゆを加え、よく混ぜながら冷ます。

MEMO
具だくさんのスープにはとろみのもとを加えてとろとろ状にして。

かじきまぐろとトマトのとろとろ煮

 ＋  ＋   ＋ 

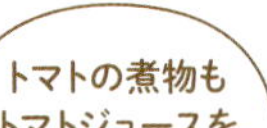

材料

- 冷凍さやいんげんキューブ（P76）……1個
- 冷凍かじきまぐろキューブ（P75）……1個
- 冷凍うまみだしキューブ（P15）……2個
- トマトジュース（無塩）……大さじ1
- とろみのもと（BF／粉末）……1/2本
- しょうゆ……少々

作り方

1. 耐熱ボウルにとろみのもと以外の材料を入れ、ふんわりとラップをして電子レンジで2分～2分30秒加熱し、沸騰させる。
2. ❶にとろみのもとを加え、よく混ぜながら冷ます。

MEMO
少し噛み応えのある野菜とパサパサしがちなかじきまぐろのスープ煮も、とろみのもとを加えれば食べやすくなります。

ぶりと小松菜のとろとろ煮

材料

冷凍小松菜キューブ（P76）……1個
冷凍長ねぎキューブ（P77）……1個
冷凍ぶりキューブ（P75）……1個
冷凍和風だしキューブ（P15）……1個
とろみのもと（BF／粉末）……½本
しょうゆ……少々

作り方

❶ 耐熱ボウルにとろみのもと以外の材料を入れ、ふんわりとラップをして電子レンジで2分〜2分30秒加熱し、沸騰させる。
❷ ❶にとろみのもとを加え、よく混ぜながら冷ます。

MEMO
小松菜の代わりにさやいんげんのキューブでも。ぶりはかじきまぐろでもOK。

ぶりと里いものひと口お好み焼き

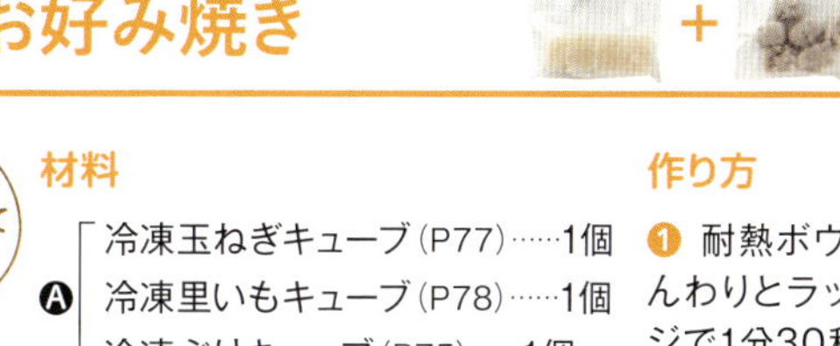

材料

Ⓐ
- 冷凍玉ねぎキューブ（P77）……1個
- 冷凍里いもキューブ（P78）……1個
- 冷凍ぶりキューブ（P75）……1個

薄力粉……大さじ½〜1
サラダ油……小さじ1
トマトペースト・マヨネーズ……各少々

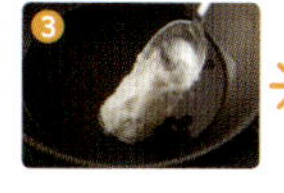

作り方

❶ 耐熱ボウルにⒶを入れ、ふんわりとラップをして電子レンジで1分30秒〜2分加熱し、沸騰させる。
❷ ❶をよく混ぜ、粗熱がとれたら薄力粉を加えて混ぜる。
❸ フライパンにサラダ油を熱し、❷を平たく小さな丸にして両面焼く。混ぜ合わせたトマトペーストとマヨネーズをつける。

卵とかぼちゃのポタージュ

材料

Ⓐ
- 冷凍かぼちゃキューブ（P76）……1個
- 冷凍卵キューブ（P75）……1回分
- 冷凍うまみだしキューブ（P15）……1個

クリームスープのもと（BF／粉末）……1本

作り方

❶ 耐熱ボウルにⒶを入れ、ふんわりとラップをして電子レンジで2分〜2分30秒加熱し、沸騰させ、粗熱をとる。
❷ ❶にクリームスープのもとを加え、よく混ぜて冷ます。

いんげんとにんじんの納豆和え

 +  + 

材料

Ⓐ
- 冷凍さやいんげんキューブ(P76)……1個
- 冷凍にんじんスティック(P77)……1個

ひきわり納豆……大さじ1
しょうゆ……少々

MEMO
にんじんスティックは他のキューブと一緒にレンチンした後、キッチンばさみで小さく切るのがラク。ひきわり納豆でまとめて。

作り方

❶ 耐熱ボウルにⒶを入れ、ふんわりとラップをして電子レンジで1分～1分30秒加熱し、沸騰させる。

❷ ❶のにんじんを小さく切り、湯通ししたひきわり納豆、しょうゆを加え、よく混ぜながら冷ます。

かぼちゃのごま和え

 + 

材料

冷凍かぼちゃキューブ(P76)……1個
白すりごま……小さじ⅓
しょうゆ……少々

MEMO
かぼちゃキューブがあれば、レンチンしてすりごまを混ぜるだけで完成！しょうゆはほんの少量、風味づけ程度にかけましょう。

作り方

❶ 耐熱ボウルに冷凍かぼちゃキューブを入れ、ふんわりとラップをして電子レンジで1分～1分30秒加熱し、沸騰させる。

❷ ❶に白すりごま、しょうゆを加え、混ぜながら冷ます。

かぼちゃボール

 + 

材料

Ⓐ
- 冷凍かぼちゃキューブ(P76)……1個
- クリームチーズ……15g

小麦粉……小さじ½

MEMO
クリームチーズと小麦粉を加え、レンチンするだけで、モッチリとしたかぼちゃボールの完成。手づかみ食べの練習に。

作り方

❶ 耐熱ボウルにⒶを入れ、ふんわりとラップをして電子レンジで1分～1分30秒加熱する。

❷ ❶に小麦粉を加えてよく混ぜ、ふんわりとラップをして電子レンジで30秒～1分加熱する。よく混ぜたら冷蔵庫で冷まし、ラップを使って小さく丸める。

里いも団子の和風あんかけ

材料

Ⓐ
- 冷凍里いもキューブ（P78）……1個
- 冷凍和風だしキューブ（P15）……1個

片栗粉……小さじ½
とろみのもと（BF／粉末）……少々
しょうゆ……少々

作り方

❶ 耐熱ボウルにⒶを入れ、ふんわりとラップをして電子レンジで1分30秒～2分加熱する。

❷ 里いもを取り出して別のボウルに移し、片栗粉を加えてよく混ぜ、団子に丸める。

❸ 残った和風だしにとろみのもと、しょうゆを加えて混ぜ、❷にかける。

じゃがいもとにんじんのポテトフライ風

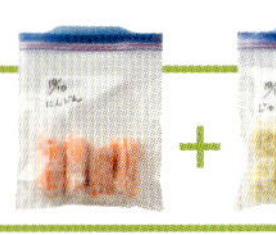

材料

Ⓐ
- 冷凍にんじんスティック（P77）……1個
- 冷凍じゃがいもキューブ（P78）……2個

和風だし（BF／粉末）……少々
サラダ油……小さじ1

作り方

❶ 耐熱ボウルにⒶを入れ、ふんわりとラップをして電子レンジで1分30秒～2分加熱し、沸騰させる。

❷ ❶のにんじんを小さく切り、和風だしを加えてよく混ぜながら冷まし、平たく棒状に丸める。

❸ フライパンにサラダ油を熱し、❷を軽く焼く。

きのこのポタージュ

材料

Ⓐ
- 冷凍じゃがいもキューブ（P78）……1個
- 冷凍きのこキューブ（P78）……1個

牛乳（または湯で溶いた粉ミルク）……大さじ4
小麦粉……小さじ1
塩……少々

作り方

❶ 耐熱ボウルにⒶを入れ、ふんわりとラップをして電子レンジで1分30秒～2分加熱し、小麦粉を加えてよく混ぜる。

❷ ❶に牛乳を加えて混ぜ、ふんわりとラップをして電子レンジで1分～1分30秒加熱し、沸騰させる。塩を加えてよく混ぜながら冷ます。

枝豆団子

材料

Ⓐ
- 冷凍枝豆キューブ（P76）……1個
- 冷凍じゃがいもキューブ（P78）……2個

プロセスチーズ……10g

1cmくらいに丸めたら、親指と人差し指の腹を使って、平たく形を整えると食べやすくなります。

作り方

❶ 耐熱ボウルにⒶを入れ、ふんわりとラップをして電子レンジで1分30秒～2分加熱する。プロセスチーズを加え、ラップをしてさらに1分～1分30秒加熱し、沸騰させる。

❷ ❶の粗熱がとれたら、1cmくらいに平たく丸める。

もずくとトマトのスープ

材料

冷凍玉ねぎキューブ（P77）……1個
冷凍もずくキューブまたは
冷凍めかぶキューブ（P78）……1個
冷凍うまみだしキューブ（P15）……2個
トマトジュース（無塩）……大さじ1
しょうゆ……少々

作り方

❶ 耐熱ボウルに全ての材料を入れ、ふんわりとラップをして電子レンジで2分～2分30秒加熱し、沸騰させる。

❷ ❶をよく混ぜながら冷ます。

MEMO
食物繊維とミネラルが豊富。細く刻んであるから食べやすさも◎。トマトジュースでさっぱりと洋風の一品に。

ひじきとさつまいものお焼き

材料

Ⓐ
- 冷凍さつまいもキューブ（P77）……2個
- 冷凍ひじきキューブ（P78）……1個

りんごジュース（BF／粉末）……½本
バター……小さじ1

MEMO
ひじきとさつまいもを合わせてりんごジュースでまとめれば便秘予防に。おやつとしてもおすすめの一品。

作り方

❶ 耐熱ボウルにⒶを入れ、ふんわりとラップをして電子レンジで1分30秒～2分加熱し、沸騰させる。

❷ ❶にりんごジュースを加え、よく混ぜながら冷まし、小さく丸める。

❸ フライパンにバターを熱し、❷を焼く。

3回食に慣れたら
大人と
同じ時間帯に！

フリージングで！

9〜11カ月頃の献立カレンダー

1日3回食にして、食事からも栄養をとる時期。栄養バランスを考えた献立にしましょう。

9〜11カ月頃の離乳食ステップアップ！

炭水化物

5倍がゆをメインに、うどん、そうめん、パスタなどもとり入れて、バラエティー豊かに。トーストも手づかみしやすくておすすめです。

＋

たんぱく質

鶏ささみに鶏むね&もも肉や豚肉、牛肉、白身魚に、赤身魚、青魚も食べられるように。少量の調味料と焼く、炒めるなど調理法の工夫を。

＋

ビタミン・ミネラル

今までの野菜に加えて、きのこやひじき、ごぼうなど食べられる種類も豊富に。副菜にはフルーツも添えるとビタミン補給になるのでおすすめ。

1日3回食

栄養バランスを考えた食事をしましょう

9ヵ月頃からは、母乳やミルクからの栄養だけでは不足するので、食事からも栄養をとる時期に。献立を考えるときは、炭水化物とたんぱく質、ビタミン・ミネラルを組み合わせるようにしましょう。毎回きっちり揃えなくても、2〜3日程度で栄養バランスが偏ってないかをチェックする程度で大丈夫です。

献立のPOINT3

1 手づかみ食べがしやすい工夫で食べる意欲を刺激して

食べ物への興味から、手づかみ食べが始まります。手にもって前歯でかじりとれるものを与えましょう。スティック状のゆで野菜やコロコロ状のおかずなどがおすすめ。

2 鉄不足にならないような献立にして

9ヵ月頃から、貧血になりやすいので、鉄の豊富なレバー、赤身肉、ほうれん草などをとり入れた献立にしましょう。レバーの扱いが苦手ならベビーフードを利用してもOK。

3 調味料を少量ずつとり入れて味のバリエーションを

今までは、ゆでる、煮るが中心の調理法でしたが、油を使った焼き物、炒め物もOKに。塩やしょうゆ、みそなど少量の調味料も使えるようになります。あくまでもごく薄味にしましょう。

月～金までフリージングならラクラク！

フリージングLIST

フリージングがおすすめ！

1 冷凍5倍がゆキューブ→作り方P72

2 冷凍うどんキューブ→作り方P72

3 冷凍スパゲッティキューブ→作り方P72

4 冷凍かぼちゃキューブ→作り方P76

5 冷凍にんじんスティック×2→作り方P77

6 冷凍じゃがいもキューブ→作り方P78

7 冷凍きのこキューブ→作り方P78

8 冷凍ひじきキューブ→作り方P78

9 冷凍かじきまぐろキューブ→作り方P75

10 冷凍鶏肉キューブ→作り方P74

11 冷凍豚肉キューブ→作り方P74

12 冷凍野菜だしキューブ→作り方P15

13 冷凍うまみだしキューブ→作り方P15

「火を通す時間がかかるものを優先的にフリージング。余裕があれば14～18もフリージングに。」

ぬるま湯で戻すひじきやゆでる時間のかかる主食、根菜、魚、肉はフリージングしておくと便利。下ごしらえに時間のかからない14～18の食材は当日加えても。

段取りMEMO

1. 5分がゆ、だし類を作る&スパゲッティ、うどんをゆでる。
2. その間にひじきを戻し、食材を切る。
3. 野菜、きのこをゆでる。
4. 肉、魚をゆでる。
5. 余裕があれば、14～18の仕込みをする。
6. ❶、❷、❸、❹、❺を冷凍する。

余裕があれば

火が通りやすいので、当日に調理してもOK！

14 冷凍そうめんキューブ→作り方P73

15 冷凍さやいんげんキューブ→作り方P76

16 冷凍小松菜キューブ→作り方P76

17 冷凍玉ねぎキューブ→作り方P77

18 冷凍長ねぎキューブ→作り方P77

MONDAY 月曜日

きのこと玉ねぎのお焼き

材料と作り方

❶ 耐熱ボウルに5、7、17各1個を入れ、ふんわりとラップをして電子レンジで1分30秒～2分加熱する。
❷ ❶のにんじんを刻んで小麦粉大さじ1を加え、フォークで粗くつぶしながら混ぜ、ひと口大の平たい丸に成形する。
❸ フライパンにサラダ油少量を熱し、❷を両面焼き、しょうゆ少々をたらす。

いんげんとめかぶのスープ

材料と作り方

❶ 耐熱ボウルに12 2個、15 1個、17 1個を入れ、ふんわりとラップをして電子レンジで2分～2分30秒加熱し、沸騰させる。
❷ ❶に刻んだめかぶ大さじ⅔、しょうゆ少々を加え、ふんわりとラップをし、電子レンジでさらに30秒～1分加熱し、よく混ぜながら冷ます。

炒り卵→作り方P93

にんじんとかじきのパスタ

材料と作り方

❶ 耐熱ボウルに3、5、9各1個、水大さじ2を入れ、電子レンジで1分30秒～2分加熱し、沸騰させる。
❷ ❶のにんじんを小さく切り、ホワイトソース（BF／粉末）1本、バター少量を加え、よく混ぜながら冷ます。

煮りんご

材料と作り方

❶ りんご30gは皮をむき、5mm角くらいの粗みじん切りにする。
❷ 耐熱ボウルに、❶、ひたひたの水を入れ、ふんわりとラップをして電子レンジで1分～1分30秒加熱し、よく混ぜながら冷ます。

5倍がゆ

材料と作り方

耐熱ボウルに1 1個、水大さじ½を入れ、ふんわりとラップをして電子レンジで2分～2分30秒加熱し、よく混ぜながら冷ます。

豚と納豆のそぼろ→作り方P81

材料 11・18×各1個、
ひきわり納豆大さじ1、しょうゆ少々

小松菜のおひたし風

材料と作り方

耐熱ボウルに16、12各1個を入れ、ふんわりとラップをして電子レンジで1分30秒～2分加熱し、沸騰させる。しょうゆ少々を加えてラップをし、さらに30秒加熱し、よく混ぜながら冷ます。

TUESDAY 火曜日

ひじきの五目ごはん

材料と作り方

❶ 耐熱ボウルに1、5、8、15 1個を入れ、ふんわりとラップをして電子レンジで2分～2分30秒加熱し、沸騰させる。
❷ ❶のにんじんを刻んで和風だし（BF／粉末）1本、しょうゆ少々を加え、よく混ぜながら冷ます。

きのこと麩のすまし汁

材料と作り方

❶ 耐熱ボウルに7 1個、13 2個を入れ、ふんわりとラップをして電子レンジで2分～2分30秒加熱し、沸騰させる。
❷ ❶に小さく砕いた麩2個を加え、ふんわりとラップをして電子レンジで20～30秒加熱し、よく混ぜながら冷ます。

MEMO 食物繊維やミネラルが豊富なひじきとにんじんは、ごはんに混ぜると食べやすくなります。おにぎりにして手づかみにしても。混ぜごはんには汁物を添えると栄養も◎。

ミートパスタ →作り方P80

材料 3・5・11・17×各1個、トマトペースト大さじ½

みかん 6粒（薄皮はむく）

MEMO パスタに豚肉とにんじんを加えてレンチンするだけ。トマトペーストを加えることで、うまみが増し、食欲がアップ。みかんをデザートに。

鶏と小松菜のそうめん

材料と作り方

❶ 耐熱ボウルに14、10、16、17各1個、12 2個、しょうゆ少々を入れ、ふんわりとラップをして電子レンジで2分～2分30秒加熱し、沸騰させる。
❷ ❶をよく混ぜながら冷ます。

かぼちゃボール →作り方P84

材料 4×1個、クリームチーズ15g、小麦粉小さじ½

MEMO そうめんは食べやすい食材。鶏肉と小松菜でうまみたっぷりの汁麺に。食べさせるときは、やけどしないようにしっかり冷ましてから与えて。かぼちゃボールは手づかみ食べに。

WEDNESDAY 水曜日

スティックトースト

材料と作り方

食パン（6枚切り）½枚は耳を切り落としてから、4等分に切り（または角切り食パン（P73）1回分）、オーブントースターでこんがり焼く。

玉ねぎとかぼちゃのヨーグルトサラダ

材料と作り方

1. 耐熱ボウルに4、17各1個を入れ、ふんわりとラップをして電子レンジで1分～1分30秒加熱し、沸騰させる。
2. ❶にプレーンヨーグルト小さじ2、塩少々を加え、よく混ぜながら冷ます。

MEMO 食パンをスティック状に切って軽く焼いたトーストは、手に持ちやすく、香ばしい風味が赤ちゃんもお気に入り。かぼちゃのヨーグルトサラダで、軽めの朝ごはんを。

とん平焼き

材料と作り方

1. 耐熱ボウルに11、18各1個を入れ、ふんわりとラップをして電子レンジで1分～1分30秒加熱する。小麦粉、片栗粉、かつお節各小さじ⅓を加え、よく混ぜる。
2. フライパンにサラダ油小さじ½を熱し、❶を小判型にして、片面焼く。ひっくり返してふたをし、しっかりと焼く。
3. ❷にトマトペースト少々をつける。

バナナ　1.5cm幅の輪切り2枚

MEMO 小判型で手づかみしやすいとん平焼きは、豚肉と長ねぎ、小麦粉、かつお節などを混ぜ合わせて焼くだけのお好み焼き風。トマトペーストを少量つけるとうまみもアップ。

5倍がゆ →作り方P89

材料　1×1個

かじきまぐろとトマトのとろとろ煮 →作り方P82

材料　9・15×各1個、13×2個
トマトジュース（無塩）大さじ1
とろみのもと（BF／粉末）½本
しょうゆ少々

MEMO 1、2回目の主食が小麦粉料理のときは、3回目は米にすると栄養豊富に。かじきまぐろとトマトのとろとろ煮は、少量のしょうゆで味つけをしてごはんに合うおかずにして。

THURSDAY 木曜日

5倍がゆ
→作り方P89

材料 1×1個

めかぶしらす豆腐

材料と作り方

① 耐熱ボウルに刻んだめかぶ大さじ⅔、湯通ししたしらす大さじ1を入れ、ふんわりとラップをして電子レンジで1分加熱し、沸騰させる。
② ❶に絹ごし豆腐大さじ2、しょうゆ少々を加えてラップをし、さらに1分加熱し、よく混ぜながら冷ます。

スティックにんじんのかつお節和え

材料と作り方

耐熱ボウルに5 1個を入れ、ふんわりとラップをして電子レンジで1分～1分30秒加熱する。冷ましてから、しょうゆ少々を加え、かつお節（糸削り）小さじ½をまぶす。

2 回目

鶏ときのこのパスタ

材料と作り方

① 耐熱ボウルに3、7、10各1個、水大さじ1を入れ、ふんわりとラップをして電子レンジで2分～2分30秒加熱し、沸騰させる。
② ❶にしょうゆ少々を加え、よく混ぜながら冷まし、青のり適量をかける。

長ねぎとじゃがいものポタージュ

材料と作り方

① 耐熱ボウルに6、18各1個、13 2個を入れ、ふんわりとラップをして電子レンジで2分～2分30秒加熱し、沸騰させ、粗熱をとる。
② ❶に牛乳（または湯で溶いた粉ミルク）小さじ1、バター少々を加え、混ぜながら冷ます。

5倍がゆ
→作り方P89

材料 1×1個

かじきまぐろといんげんのソテー

材料と作り方

① 耐熱ボウルに9、15各1個、水大さじ1を入れ、ふんわりとラップをして電子レンジで1分30秒～2分加熱し、沸騰させる。
② ❶にしょうゆ少々を加え、よく混ぜながら冷ます。

MEMO かじきまぐろといんげんは、レンチンしたあと、少量の油でさっと炒めると香ばしさとうまみがアップ。物足りないときはみかんやりんごなどの果物を添えましょう。

FRIDAY 金曜日

スティックトースト→作り方P91

炒り卵

材料と作り方

❶ ボウルに卵½個、牛乳大さじ1を入れてよく混ぜる。
❷ フッ素樹脂加工のフライパンを熱し、❶を流し入れ、よく混ぜながら炒り卵を作る。

きのこのポタージュ→作り方P85

材料 6・7×各1個、
牛乳（または湯で溶いた粉ミルク）大さじ4、
小麦粉小さじ1、塩少々

2
回目

ひじきとしらすの混ぜごはん

材料と作り方

❶ 耐熱ボウルに1、8各1個を入れ、ふんわりとラップをして電子レンジで2分~2分30秒加熱し、沸騰させる。
❷ ❶に湯通ししたしらす10gを加え、よく混ぜながら冷ます。

いんげんとにんじんの納豆和え→作り方P84

材料 5・15×各1個、
ひきわり納豆大さじ1、
しょうゆ少々

5倍がゆ→作り方P89

材料 1×1個

鶏といんげん、長ねぎの煮物

材料と作り方

❶ 耐熱ボウルに13 2個、10、15、18各1個を入れ、ふんわりとラップをして電子レンジで2分~2分30秒加熱し、沸騰させる。
❷ ❶にしょうゆ少々を加え、よく混ぜながら冷ます。

かぼちゃボール→作り方P84

材料 4×1個、クリームチーズ15g、小麦粉小さじ½

パパとママと一緒に！

取り分け離乳食 ❷

野菜と肉、魚がバランスよく食べられる鍋料理は、取り分けるのに最適なメニュー。

寄せ鍋

材料（4人分）

豚ロースしゃぶしゃぶ用肉250g、白身魚・鮭各2切れ、えび2尾、白菜1/8個、小松菜1/3株、長ねぎ1/2本、しいたけ2枚、えのきだけ1/2パック、にんじん（花型に切ったもの）3枚、だし汁600〜800ml、塩少々

作り方

1 鶏肉、白身魚、鮭はさっと湯通しする。えびは殻の上から竹串で背わたを取り除く。具材はそれぞれ食べやすい大きさに切る。

2 鍋に塩以外の材料を入れて火にかけ、火が通るまで加熱する。

3 塩で味をととのえる。

取り分け離乳食

5、6ヵ月頃

白身魚と白菜のおかゆ

材料と作り方

① 作り方1の煮る前の白菜の葉15gと白身魚10gを取り分け、白身魚は湯通しする。

② 耐熱ボウルに細かく切った❶、ひたひたの水を入れ、ふんわりとラップをして電子レンジで2〜3分加熱する。

③ ❷に10倍がゆ（P20）を加え、ふんわりとラップをして電子レンジで1分30秒〜2分加熱し、混ぜながら冷ます。

7、8ヵ月頃

鮭と白菜のとろとろうどん

材料と作り方

① 作り方1の煮る前の白菜の葉、にんじん、鮭各15gを取り分け、鮭は湯通しする。

② 耐熱ボウルに細かく切った❶、ひたひたの水、冷凍うどんキューブ（P48）2個を入れ、ふんわりとラップをして電子レンジで1分30秒〜2分加熱し、混ぜながら冷ます。

9〜11ヵ月頃

やわらかみそ煮込みうどん

材料と作り方

① 作り方2の煮えた豚肉、小松菜、えのきだけ各20gを器に取り分け、キッチンばさみで食べやすい大きさに切り、冷ます。

② ❶にみそ小さじ1/4、冷凍うどんキューブ（P72）1個、煮汁大さじ2を加え、ふんわりとラップをして電子レンジで2分〜2分30秒加熱し、混ぜながら冷ます。

1才〜1才半頃

赤ちゃん寄せ鍋

材料と作り方

① 作り方2の煮えた豚肉20g、えび10g、白菜25g、しいたけ15gを器に取り分け、キッチンばさみで食べやすい大きさに切る。

② ❶に煮汁大さじ2、水大さじ1、みそ小さじ1/3を加えて混ぜる。

③ 軟飯（P104）90gで小さなおにぎりを作り、添える。

ミックス
フリージングで
ラクラク！

Part 5

1才～1才半頃の離乳食アイデア&レシピ

離乳食に慣れ、大人の食事に
近づいて、いよいよ完了間近。
ただし味つけは薄味がきほん！
栄養のバランスを考えながら、
フリージング食材を上手に使って
ラクラク離乳食を続けましょう。

栄養のバランスが
簡単にとれる！

大人メニューに
どんどん近づく！

1才～1才半頃の離乳食のきほん

バナナくらいのかたさのものを奥の歯茎で噛んで食べられるようになり、
栄養のほとんどを離乳食からとるようになったら、いよいよ離乳食も仕上げです。

かたさの目安

軟飯
大人のごはんのやわらかめ。少しずつ大人のごはんのかたさに近づけて。

スティックにんじん
1cm角の棒状に切り、手づかみしやすく、スプーンでつぶせるやわらかさに。

進め方

1日3回の離乳食が安定したら補食を1～2回増やして。

前歯でかじり取り、バナナくらいのかたさの食べ物を噛んで食べられるようになったら、煮込みハンバーグくらいのかたさにします。自分から食べたいという意欲がみられたら、手づかみのメニューを増やしましょう。まわりが汚れることは覚悟して、手づかみで気の済むように食べさせて。献立は主食、主菜、副菜を揃えて栄養バランスを整えます。大人の食事から取り分ける工夫をすると、さらに食べることの楽しさやおいしさを感じるように。日中の授乳が少なくなったら、必要に応じて1日1～2回のおやつ（補食）を与えましょう。

1日のタイムスケジュールの目安

3回食

6:00	
7:00	離乳食1回目
10:00	おやつ1回目
12:00	離乳食2回目
14:00～16:00	おやつ2回目
18:00	離乳食3回目
20:00～22:00	（母乳・ミルク）

離乳食中心になりますが、授乳が必要な子もいます。授乳を卒業したらおやつを加えます。

フリージングの道具いろいろ

揃えておくとフリージング離乳食がラクラク作れる！

保存袋

ラップ

製氷皿

フリージング容器

1才〜1才半頃の離乳食テク！

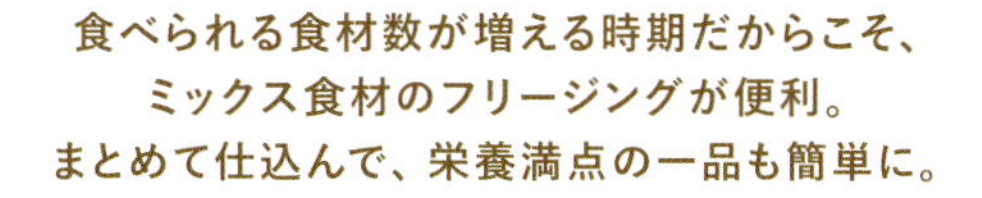

食べられる食材数が増える時期だからこそ、
ミックス食材のフリージングが便利。
まとめて仕込んで、栄養満点の一品も簡単に。

フリージングテクはミックス冷凍！

数種類の野菜を刻んでレンチン！

約1cmの大きさに野菜を刻んで、耐熱ボウルに入れ、ふんわりとラップをしてレンチンを。

小分けにしてフリージング！

小分けの保存容器に入れ、ふたをしてフリージングを。野菜40〜50g＋ひたひたのゆで汁が1回量。

ミックス冷凍×素材冷凍でレンチン離乳食！

組み合わせてレンチン❶

マカロニ、洋風野菜ミックス、えびキューブ、ホワイトソース（BF／粉末）を合わせてレンチン！

組み合わせてレンチン❷

洋風野菜ミックス、子ども用カレールウ、鶏肉を合わせてレンチン！ごはんは別でレンチンして盛りつけて。

和風ミックス野菜 

根菜が多く入ったミックス野菜です。薄切りにしているから赤ちゃんも食べやすい！　和風の煮物や、豚汁などに使えます。

豚汁や煮物にぴったりの根菜ミックス！

材料（6個分）

大根・にんじん・玉ねぎ・里いも……各70g

作り方

切る

厚めに皮をむいた大根、皮をむいたにんじんと里いもは、薄いいちょう切りにする。玉ねぎは皮をむいて2cm角に切り、全てを耐熱ボウルに入れる。

レンチン

ひたひたの水を加え、クッキングシートで落としぶたをし、ふんわりとラップをして電子レンジで8分加熱し、そのまま2分ほどおく。

＼フリージング／

保存容器に40～50gずつ入れ、ひたひたのゆで汁を加え、冷凍する。固まったら保存容器から出し、冷凍用保存袋に入れ、冷凍保存する。

洋風ミックス野菜 

玉ねぎの甘みとトマトの酸味がよく合う、洋風の野菜ミックスです。トマトは電子レンジで加熱後に加えるのがポイント。

スープやカレー、サラダにピッタリ！

材料（6個分）

キャベツ・玉ねぎ・トマト・じゃがいも……各70g

作り方

切る

キャベツは芯を取って2cm幅のざく切りにし、玉ねぎは皮をむいて2cm幅に切る。トマト、じゃがいもは皮をむいて1cm幅の乱切りにする。トマト以外を耐熱ボウルに入れる。

レンチン

ひたひたの水を加え、クッキングシートで落としぶたをし、ふんわりとラップをして電子レンジで8分加熱する。

混ぜる

そのまま2分ほどおいてから、トマトを加え、混ぜる。

＼フリージング／

保存容器に40～50gずつ入れ、ひたひたのゆで汁を加え、冷凍する。固まったら保存容器から出し、冷凍用保存袋に入れ、冷凍保存する。

ミックスきのこ

3種類のきのこに、玉ねぎを加えました。
洋風にも和風にも使えます。

汁物、炒め物、煮物に

材料（6個分）

しめじ・えのきだけ・しいたけ・玉ねぎ……各50g

作り方

切る

しめじ、えのきだけ、しいたけは石づきを切り落とし、1cm幅に切る。玉ねぎは皮をむいて粗みじん切りにし、全てを耐熱ボウルに入れる。

レンチン

ひたひたの水を加え、クッキングシートで落としぶたをし、ふんわりとラップをして電子レンジで5分加熱し、そのまま2分ほどおく。

フリージング

保存容器に30gずつ入れ、ひたひたのゆで汁を加え、冷凍する。固まったら保存容器から出し、冷凍用保存袋に入れ、冷凍保存する。

MEMO

野菜だけでなく、肉や魚を加えても

数種類の野菜を組み合わせると、いろいろな離乳食も簡単に作れて手軽。ゆでた肉や魚を一緒に小分け冷凍すれば、さらに便利。クセの少ない鶏ささみや豚肉、鮭やかじきまぐろで作るのがおすすめ。

和風ミックス野菜 ❷

青菜や長ねぎが入った和風仕立て。
いろいろな料理に合わせやすい！

みそ汁や肉と合わせて

材料（6個分）

小松菜・長ねぎ・じゃがいも・さやいんげん……各70g

作り方

❶ 小松菜の茎は1cm幅、葉は2cm幅のざく切りにする。長ねぎの白い部分は1cm幅の輪切りにする。じゃがいもは皮をむいて1cm角に切り、さやいんげんは上下を切り落として1cm幅に切る。

❷ 耐熱ボウルに❶、ひたひたの水を入れ、クッキングシートで落としぶたをし、ふんわりとラップをして電子レンジで8分加熱し、そのまま2分ほどおく。

フリージング

保存容器に40～50gずつ入れ、ひたひたのゆで汁を加え（冷凍してパサパサにならないようにじゃがいもは軽くつぶすとよい）、冷凍する。固まったら保存容器から出し、冷凍用保存袋に入れ、冷凍保存する。

洋風ミックス野菜 

ズッキーニとブロッコリーの緑、
パプリカの赤で彩り鮮やか！

カレー、シチュー、炒め物などに！

材料（6個分）

ズッキーニ・パプリカ・玉ねぎ・ブロッコリー……各70g

作り方

❶ ズッキーニは1cm角に切り、パプリカは種とワタを取り除き、2cmの乱切りにする。玉ねぎは皮をむいて2cm幅に切り、ブロッコリーは小さめの小房に分ける。

❷ 耐熱ボウルに❶、ひたひたの水を入れ、クッキングシートで落としぶたをし、ふんわりとラップをして電子レンジで8分加熱し、そのまま2分ほどおく。

フリージング

保存容器に40～50gずつ入れ、ひたひたのゆで汁を加え、冷凍する。固まったら保存容器から出し、冷凍用保存袋に入れ、冷凍保存する。

ごぼう・れんこん

食物繊維がたっぷり！
かたいのでまとめて小さく刻んで。

ごぼう110g れんこん110gで8個分！

刻みごぼう、刻みれんこん

切ってレンチン

皮をこそげ取ったごぼう、皮をむいたれんこんは粗みじん切りにし、水にさらしてアク抜きし、それぞれ耐熱ボウルに入れる。冷凍野菜だしキューブ（P15）2個をそれぞれに加え、ふんわりとラップをして電子レンジで5分加熱し、そのまま2分ほどおく。

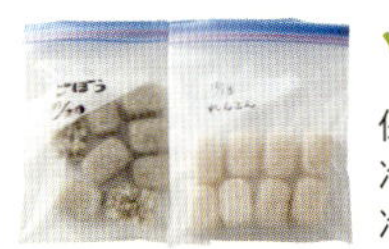

＼フリージング／

保存容器にゆで汁と一緒に15gずつ入れ、冷凍する。固まったら保存容器から出し、冷凍用保存袋に入れ、冷凍保存する。

青菜

茎の部分は葉より
小さめに切ると食べやすい！

小松菜½束で6個分！

刻み青菜

切ってレンチン

根元を切り落とし、茎は1.5cm幅、葉は2cm四方に切り、耐熱ボウルに入れる。野菜だし（BF／粉末）小さじ1、ひたひたの水を加え、ふんわりとラップをして電子レンジで5分加熱し、そのまま2分ほどおく。

＼フリージング／

保存容器にゆで汁と一緒に20gずつ入れ、冷凍する。固まったら保存容器から出し、冷凍用保存袋に入れ、冷凍保存する。

たけのこ

水煮を使えば準備が簡単。
歯応えがあるので薄く切って使います。

たけのこの穂先（水煮）110gで8個分！

薄切りたけのこ

切ってレンチン

縦半分に切り、縦2mm幅の薄切りにする。耐熱ボウルに入れ、冷凍野菜だしキューブ（P15）2個を加え、ふんわりとラップをして電子レンジで3分加熱し、そのまま2分ほどおく。

＼フリージング／

保存容器にゆで汁と一緒に15gずつ入れ、冷凍する。固まったら保存容器から出し、冷凍用保存袋に入れ、冷凍保存する。

アボカド

変色を防ぐために、
切ったらレモン汁を和えて。

アボカド140gで7個分！

角切りアボカド

切ってレモン汁を和える

皮と種を取り除き、1cm角に切り、レモン汁小さじ1で和える。

＼フリージング／

保存容器に20gずつ入れ、冷凍する。固まったら保存容器から出し、冷凍用保存袋に入れ、冷凍保存する。

きくらげ

フリージングにしておけば
使うたびに戻す手間が省けて便利！

刻みきくらげ

切って熱湯をかける

粗みじん切りにし、ザルにのせて熱湯を回しかける。

＼フリージング／

保存容器に15gずつ入れ、冷凍する。固まったら保存容器から出し、冷凍用保存袋に入れ、冷凍保存する。

にんじん

カロテンや食物繊維が豊富だから、
積極的に食べさせたい！

にんじん
140gで
8個分!

にんじんスティック

切ってレンチン

皮をむき、5mm幅の細切りにする。耐熱ボウルに入れ、冷凍野菜だしキューブ（P15）2個を加え、ふんわりとラップをして電子レンジで5分加熱し、そのまま2分ほどおく。

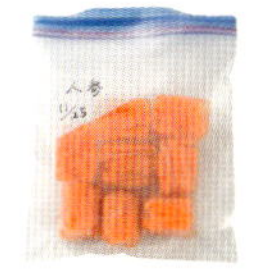

＼フリージング／

保存容器にゆで汁と一緒に20gずつ入れ、冷凍する。固まったら保存容器から出し、冷凍用保存袋に入れ、冷凍保存する。

干ししいたけ

うまみたっぷりの干ししいたけは、
ミネラルや食物繊維が豊富！

刻みしいたけ

切ってレンチンする

粗みじん切りにして耐熱ボウルに入れ、ひたひたの水を加える。ふんわりとラップをして電子レンジで3分加熱する。

＼フリージング／

保存容器にゆで汁と一緒に15gずつ入れ、冷凍する。固まったら保存容器から出し、冷凍用保存袋に入れ、冷凍保存する。

ブロッコリー

ビタミンや鉄など、栄養豊富な食材。
やわらかくゆでて使って。

ブロッコリー
140gで
8個分!

刻みブロッコリー

切ってレンチン

茎の硬いところを切り落とし、1cmくらいの小房に切る。耐熱ボウルに入れ、冷凍野菜だしキューブ（P15）2個を加え、ふんわりとラップをして電子レンジで5分加熱し、そのまま2分ほどおく。

＼フリージング／

保存容器にゆで汁と一緒に20gずつ入れ、冷凍する。固まったら保存容器から出し、冷凍用保存袋に入れ、冷凍保存する。

食べるときにレンジでチンするだけ！

冷凍作りおき主食

おにぎり、お好み焼き、麺メニューは小分け冷凍が◎。
あとは温めるだけでOKだから手軽。

カルシウムが
豊富なしらすは
うまみもたっぷり

しらすおにぎり

材料（3回分）

Ⓐ
- 冷凍きくらげキューブ（P101）……1個
- 冷凍軟飯キューブ（P104）……3個

Ⓑ
- しらす……25g
- 子供用ふりかけ……小さじ1

作り方

❶ 耐熱ボウルにⒶを入れ、ふんわりとラップをして電子レンジで3～4分加熱する。

❷ ❶にⒷを加えてよく混ぜ、ひと口大の丸に12個にぎる。

納豆巻き

材料（3回分）

冷凍青菜キューブ（P100）……30g
冷凍軟飯キューブ（P104）……3個
納豆……1パック
刻みのり……½枚分
白いりごま……少々

作り方

❶ 冷凍青菜キューブは電子レンジで1分～1分30秒加熱する。冷凍軟飯キューブは電子レンジで2～3分加熱し、冷ます。

❷ 巻きすの上にラップを敷き、刻みのりをまんべんなく広げ、その上に❶の軟飯を薄く広げる。少量のたれで和えた納豆、青菜、白いりごまをのせて巻く。それを3本作り、5等分に切る。

刻みのりを使えば、
赤ちゃんでも
噛みやすい！

レンジで簡単♪
チャーハン風
混ぜごはん。

チャーハン風

材料（3回分）

冷凍和風ミックス野菜②キューブ（P99）……1個
冷凍軟飯キューブ（P104）……3個
冷凍カットハム（P107）……10g
しょうゆ……小さじ½
鶏がらスープの素……小さじ⅓
溶き卵……½個分

作り方

❶ 耐熱ボウルに卵以外の材料を入れ、ふんわりとラップをして電子レンジで2分～2分30秒加熱し、沸騰させる。

❷ ❶に溶き卵を加えてよく混ぜ、再度ふんわりとラップをして電子レンジで40秒～1分加熱する。

フリージング

しらすおにぎりは4個ずつ、納豆巻きは5個ずつ、お好み焼きは1枚ずつラップに包み、冷凍用保存袋に入れて冷凍保存する。

チャーハン、焼きそば、ミートソーススパゲッティは50gずつ6個の保存容器に入れ、冷凍保存する。

お好み焼き

ひと口サイズがうれしい、具だくさんお好み焼き

材料（3回分）

- Ⓐ 豚ロース薄切り肉（粗めに刻む）……50g
- Ⓐ 冷凍和風ミックス野菜①キューブ（P98）……2個
- Ⓑ お好み焼き粉……80g
- Ⓑ 溶き卵……1個分
- サラダ油……小さじ1

作り方

1. 耐熱ボウルにⒶを入れ、ふんわりとラップをして電子レンジで2分～2分30秒加熱する。
2. ❶にⒷを加え、よく混ぜる。
3. フライパンにサラダ油を熱し、❷をひと口大の大きさに入れ、両面焼く。

焼きそば

刻んだ麺で、赤ちゃんでもパクパク食べられる

材料（3回分）

- Ⓐ 冷凍中華麺キューブ（P104）……3個
- Ⓐ 冷凍ミックスきのこキューブ（P99）……2個
- Ⓐ 牛薄切り肉（粗めに刻む）……60g
- Ⓑ 中濃ソース・しょうゆ……各小さじ1
- サラダ油……大さじ½

作り方

1. 耐熱ボウルにⒶを入れ、ふんわりとラップをして電子レンジで2分～2分30秒加熱する。
2. フライパンにサラダ油を熱し、❶を入れて炒め、Ⓑを加えて炒める。

ミートソーススパゲッティ

レンジで加熱して、混ぜるだけでとっても簡単

材料（3回分）

- 冷凍スパゲッティキューブ（P104）……5個
- 冷凍洋風ミックス野菜②キューブ（P99／細かく刻む）……2個分
- 冷凍ミックスきのこキューブ（P99）……2個
- 冷凍洋風だしキューブ（P15）……1個
- Ⓐ 合びき肉……50g
- Ⓐ トマトケチャップ……小さじ1
- Ⓐ 中濃ソース……小さじ1

作り方

1. Ⓐをよく混ぜる。
2. 耐熱ボウルに全ての材料を入れ、ふんわりとラップをして電子レンジで5～6分加熱し、沸騰させる。
3. ❷をよく混ぜながら冷ます。

やわらかスパゲッティ・やわらかマカロニ

作り方

スパゲッティは⅓等分に折り、やわらかめにゆで、2~3cm幅に切る。マカロニはやわらかめにゆでる。

＼フリージング／

保存容器に70gずつ入れ、冷凍する。固まったら保存容器から出し、冷凍用保存袋に入れ、冷凍保存する。

6枚切りの
食パン3枚で
6回分!

カット食パン

作り方

キッチンばさみで耳を切り落とし、半分に切り、横に3等分に切る。

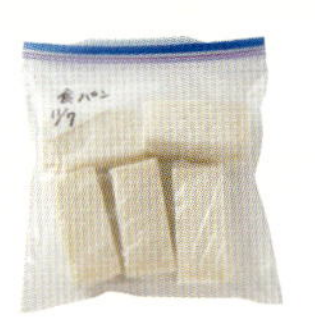

＼フリージング／

1個ずつラップで包んで冷凍する。

そのまま食べるときは

自然解凍する、またはオーブントースターで焼く。

バターロール

＼フリージング／

1個ずつラップで包んで冷凍する。

そのまま食べるときは

自然解凍する、またはオーブントースターで焼く。

軟飯

米から作る

炊飯釜に米1合を入れ、2合目の目盛りより少し少なめの水を入れ、炊飯器で炊く。

ごはんから作る

耐熱ボウルにごはん200gと水1カップを入れて混ぜ、ラップをかけずに電子レンジで7分加熱し、ラップをしてそのまま5分おく。

＼フリージング／

保存容器に40~50gずつ入れ、冷凍保存する。

やわらかうどん

作り方

やわらかめにゆで、2~3cm幅に切る。

＼フリージング／

保存容器に70gずつ入れ、冷凍する。固まったら保存容器から出し、冷凍用保存袋に入れ、冷凍保存する。

やわらか中華麺

作り方

やわらかめにゆで、しっかり洗い、2~3cm幅に切る。

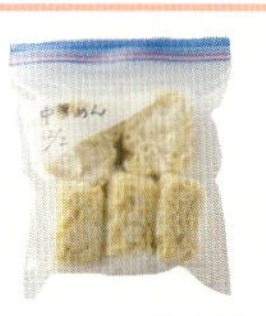

＼フリージング／

保存容器に70gずつ入れ、冷凍する。固まったら保存容器から出し、冷凍用保存袋に入れ、冷凍保存する。

たんぱく質のミックスボール

ミートボール

スープに入れてもハンバーグとして食べてもOKなミートボール。平たく丸めてあげると赤ちゃんも食べやすいです。

材料（21個分）

豚ひき肉……140g
玉ねぎ（みじん切り）……大さじ1
パン粉……大さじ3
トマトケチャップ……大さじ½

作り方

1 フードプロセッサーに全ての材料、水大さじ1を入れる。

2 全体がしっかり混ざるまで撹拌する。

3 21等分にして平たく丸め、クッキングシートを敷いた耐熱皿に並べる。

4 クッキングシートの下に水大さじ2を入れ、ふんわりとラップをして電子レンジで2分30秒加熱する。

5 ラップをしたまま2分ほどおき、ラップを外して冷ます。

フリージング

クッキングシートを敷いたトレイに入れて冷凍する。固まったら保存容器から出し、冷凍用保存袋に入れ、冷凍保存する。

MEMO

ミックスボールのたねは生のまま冷凍してもOK

ミックスボールはレンジ加熱をして、十分に冷ましてから冷凍するのも手軽ですが、生のまま冷凍するのもおすすめ。全体がしっかり混ざるまで撹拌したミックスボールのたねを冷凍用保存袋に入れて平たく伸ばし、密閉して冷凍を。その場合も1回分ずつ筋をつけておくと便利。使う分だけ取り出し、成形して焼く、煮るなどの調理をしましょう。離乳食だけでなく、大人の料理への活用度も◎です。

つみれ

魚のうまみが広がる！
スープなどに入れるとおいしい。

材料（21個分）

青魚（さば）……140g
長ねぎ（輪切り）……2cm
軟飯（P104）……大さじ4
片栗粉……大さじ½
みそ……小さじ⅓

作り方

1. 青魚は3枚におろし、皮をはぐ。小骨と血合いの強い中心部分は取り除く。

2. フードプロセッサーに全ての材料を入れ、撹拌する。

3. 21等分にして平たく丸め、クッキングシートを敷いた耐熱皿に並べ、クッキングシートの下に水大さじ2を入れ、ふんわりとラップをする。

4. 電子レンジで2分30秒加熱し、ラップをしたまま2分ほどおき、ラップを外して冷ます。

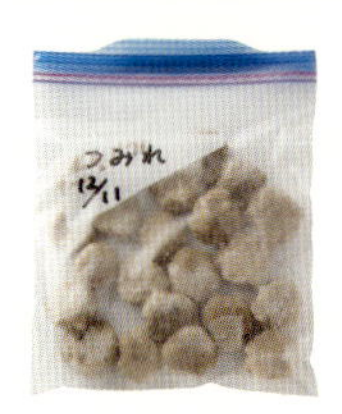

＼フリージング／
クッキングシートを敷いたトレイに入れて冷凍する。固まったら、冷凍用保存袋に入れ、冷凍保存する。

えびボール

えびと白身魚を混ぜ合わせた、
ふんわりおいしいお団子です。

材料（21個分）

えび……70g
白身魚……70g
長ねぎ（輪切り）……5cm分
軟飯（P104）……大さじ4
片栗粉……大さじ½

作り方

1. フードプロセッサーに全ての材料を入れる。その際、えびは殻、尾、背わたを取り除き、白身魚は小さく切って入れる。

2. 全体が細かく刻まれ、なめらかになるまで撹拌する。

3. 21等分にして平たく丸め、クッキングシートを敷いた耐熱皿に並べ、クッキングシートの下に水大さじ2を入れ、ふんわりとラップをする。

4. 電子レンジで2分30秒加熱し、ラップをしたまま2分ほどおき、ラップを外して冷ます。

＼フリージング／
クッキングシートを敷いたトレイに入れて冷凍する。固まったら、冷凍用保存袋に入れ、冷凍保存する。

たんぱく質

えび

高たんぱくでヘルシーなえび。
食感も楽しみながら食べられます。

えび110gで6個分!

刻みえび

洗って切る → **レンチン**

殻、尾、背わたを取り除き、片栗粉大さじ2でもみ込み、冷水で洗い、細かく切り、耐熱ボウルに入れ、水大さじ2を加える。

5cm幅に切った長ねぎの青い部分3本をのせ、ふんわりとラップをして電子レンジで2分～2分30秒加熱し、そのまま2分おく。

＼フリージング／

長ねぎを取り除き、15gずつ製氷皿に入れて冷凍する。固まったら製氷皿から出し、冷凍用保存袋に入れ、冷凍保存する。

ソーセージ・ハム

皮なしソーセージ110gで6個分!

ハム110gで6個分!

輪切りソーセージ

ソーセージは5mm幅の輪切りにし、湯通しする。

カットハム

ハムは1cm四方に切り、湯通しする。

＼フリージング／

クッキングシートを敷いたバットに入れて冷凍する。凍ったら、バラバラにして冷凍用保存袋に入れ、冷凍保存する。

厚揚げ

煮物との相性バッチリ！
しっかりと湯通ししてから使いましょう。

厚揚げ140gで6個分!

角切り厚揚げ

油抜きする → **切る**

熱湯をかけて油抜きする。

しっかりと水けを拭き取り、1cm角に切る。

＼フリージング／

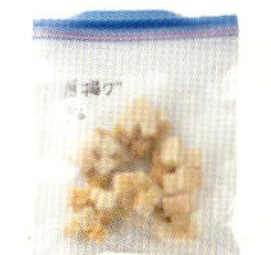

20～50gずつ製氷皿に入れて冷凍する。固まったら製氷皿から出し、冷凍用保存袋に入れ、冷凍保存する。

さば

骨や皮、血合いはしっかり取り除いてから食べさせて。

生さば110gで6個分!

ひと口さば

切る → **レンチン**

骨と皮と血合いを取り除き、15gずつの薄切りにし、耐熱ボウルに入れる。5cm幅に切った長ねぎの青い部分½本分、ひたひたの水を加える。

ふんわりとラップをして電子レンジで1分30秒～2分加熱し、そのまま2分おく。

＼フリージング／

長ねぎを取り除き、トレイにくっつかないように並べて冷凍する。固まったら、冷凍用保存袋に入れ、冷凍保存する。

1才〜1才半頃

キューブ×キューブで 離乳食

レンジでチン!

大人のメニューとほぼ同じようですが、
まだ大人よりも薄味、小さめ、やわらかめにします。
ミックスフリージングをストックしておけばあっという間に大人メニューに近づけます。

栄養ミックス

赤ちゃんチキンカレー

 +  + 

材料

- Ⓐ
  - 冷凍洋風ミックス野菜② キューブ(P98)……1個
  - 子供用カレールウ……小さじ1½
- 鶏もも肉……15〜20g
- 冷凍軟飯キューブ(P104)……2個

耐熱ボウルにキューブを組み合わせ、ルウを加え、ふんわりとラップをしてレンチンで完成!

作り方

1. 鶏肉は皮と脂を取り除き、1cm角に切る。
2. 耐熱ボウルに❶、Ⓐ、水大さじ1を入れ、ふんわりとラップをして電子レンジで2分〜2分30秒加熱し、沸騰させ、よく混ぜながら冷ます。
3. 別の耐熱容器に冷凍軟飯キューブを入れてふんわりとラップをして電子レンジで2分〜2分30秒加熱し、冷ます。器に❷と一緒に盛る。

中華丼

 +  +  + 

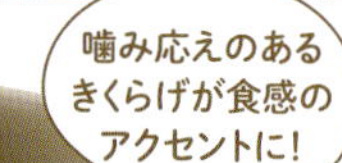

材料

- Ⓐ
  - 冷凍洋風ミックス野菜② キューブ(P99)……1個
  - 冷凍きくらげキューブ(P101)……1個
  - 鶏がらスープの素……小さじ⅓
- 豚ロース薄切り肉……15〜20g
- 冷凍軟飯キューブ(P104)……1個
- 片栗粉……適量

＊軟飯の代わりに冷凍中華麺キューブ(P104)1個を使って中華うどんにしてもOK。

作り方

1. 豚肉は脂を取り除き、1cm幅に切り、片栗粉をまぶす。
2. 耐熱ボウルに❶、Ⓐを入れ、ふんわりとラップをして電子レンジで2分〜2分30秒加熱し、沸騰させる。よく混ぜながら冷ます。
3. 別の耐熱容器に冷凍軟飯キューブを入れてふんわりとラップをして電子レンジで2分〜2分30秒加熱し、冷ます。器に盛り、❷をかける。

ちらし寿司風

材料

- 冷凍にんじんキューブ（P101／1cmに切る）……20g
- 冷凍しいたけキューブ（P101）……1個
- 冷凍軟飯キューブ（P104）……1個
- 冷凍厚揚げキューブ（P107）……1個
- 冷凍和風だしキューブ（P15）……1個
- しょうゆ……小さじ¼
- 砂糖……小さじ¼

作り方

1. 耐熱ボウルに冷凍軟飯以外の材料を入れ、ふんわりとラップをして電子レンジで2分～2分30秒加熱し、沸騰させる。よく混ぜながら冷ます。
2. 別の耐熱容器に冷凍軟飯キューブを入れ、ふんわりとラップをして電子レンジで2分～2分30秒加熱する。
3. 器に❶、❷を入れてよく混ぜながら冷やす。

きのこのグラタン

やわらかい
マカロニで赤ちゃんも
食べやすい

材料

- Ⓐ
  - 冷凍ミックスきのこキューブ（P99）……1個
  - 冷凍マカロニキューブ（P104）……1個
- 冷凍輪切りソーセージ（P107）……1個
- ホワイトソース（BF／粉末）……2個
- ピザ用チーズ……小さじ1

作り方

1. 耐熱ボウルにⒶを入れ、ふんわりとラップをして電子レンジで2分～2分30秒加熱し、沸騰させ、ホワイトソースを加えて混ぜる。
2. ❶を耐熱皿に入れ、ピザ用チーズをかけ、オーブントースターでチーズが溶けるまで焼く。

ごぼうとツナの和風パスタ

材料

- 冷凍ごぼうキューブ（P100）……1個
- 冷凍マカロニキューブ（または冷凍スパゲッティキューブ／P104）……1個
- ツナ缶……15～20g
- 長ねぎ（みじん切り）……小さじ1
- オリーブ油……小さじ⅓

作り方

1. 耐熱ボウルに全ての材料を入れ、ふんわりとラップをして電子レンジで1分30秒～2分加熱し、沸騰させる。
2. ❶をよく混ぜながら冷ます。

MEMO
マカロニは食べやすい長さなので、やわらかめにゆでて冷凍しますが、大きすぎるときは小さく刻んで。

さばのマヨパン粉焼き

フライパンで色よく焼いて、香ばしい一品

材料

冷凍ひと口さば（P107）……1個

Ⓐ
- バター……小さじ½
- パン粉……小さじ2
- マヨネーズ……小さじ½

MEMO

マヨパン粉焼きなら、魚の匂いが苦手な赤ちゃんもパクパクおいしく食べられます。手づかみで上手に食べる練習を。

作り方

❶ 冷凍ひと口さばは耐熱ボウルに入れ、ふんわりとラップをして電子レンジで1分～1分30秒加熱し、解凍する。

❷ 別のボウルにⒶを入れてよく混ぜ、❶にのせ、フライパンで両面薄く焼き色がつくまでほど焼く。

たんぱく質 ＋ ビタミン・ミネラル

ねばねば若竹煮

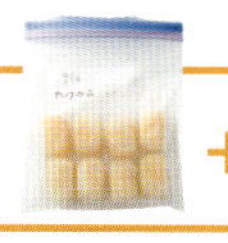 ＋  ＋  ＋ 

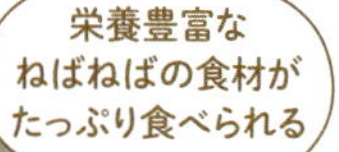

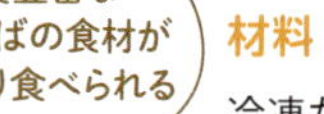

栄養豊富なねばねばの食材がたっぷり食べられる

材料

冷凍たけのこキューブ（P100）……1個

オクラ……15g

わかめ（戻したもの）……5g

納豆……½パック

冷凍和風だしキューブ（P15）……1個

しょうゆ……小さじ⅓

作り方

❶ オクラは塩で板ずりし、よく洗い、ヘタを切り落として薄い輪切りにする。わかめは粗みじん切りにする。

❷ 耐熱ボウルに納豆以外の材料を入れ、ふんわりとラップをして電子レンジで2分～2分30秒加熱し、沸騰させる。

❸ ❷に納豆を加え、よく混ぜながら冷ます。

ソーセージとれんこん炒め

 ＋ 

ソーセージとれんこんの食感の違いを楽しんで

材料

冷凍輪切りソーセージ（P107）……15g

冷凍れんこんキューブ（P100）……1個

中濃ソース……小さじ⅓

作り方

❶ 耐熱ボウルに全ての材料を入れ、ふんわりとラップをして電子レンジで2分～2分30秒加熱し、沸騰させる。

❷ ❶をよく混ぜながら冷ます。

MEMO

サクサクとしたれんこんの歯応えを楽しめるメニュー。ソーセージは湯通しした後、冷凍しておくと便利。れんこんの他ににんじんやたけのこでも◎。

ミネストローネ

材料

冷凍洋風ミックス野菜①キューブ（P98）……1個
冷凍マカロニキューブ（P104）……½個
冷凍カットハム（P107）……15g
冷凍うまみだしキューブ（P15）……3個
塩……小さじ⅓

作り方

❶ 耐熱ボウルに全ての材料を入れ、ふんわりとラップをして電子レンジで2～3分加熱し、沸騰させる。

❷ ❶をよく混ぜながら冷ます。

MEMO
朝食にぴったりの野菜たっぷりスープ。マカロニも入っているのでこれ一品でOK。

ブロッコリーとえびのチリソース風

材料

冷凍ブロッコリーキューブ（P101）……1個
冷凍えびキューブ（P107）……1個
冷凍うまみだしキューブ（P15）……1個
トマトケチャップ……小さじ1
水溶き片栗粉……適量

作り方

❶ 耐熱ボウルに水溶き片栗粉以外の食材を入れ、ふんわりとラップをして電子レンジで2分～2分30秒加熱し、沸騰させる。

❷ ❶に水溶き片栗粉を加え、よく混ぜて冷ます。

MEMO
とろみは片栗粉：水＝1：1の割合で溶いた水溶き片栗粉を流し入れましょう。

えびとれんこんと干ししいたけのだし煮

材料

冷凍れんこんキューブ（P100）……1個
冷凍しいたけキューブ（P101）……1個
冷凍えびキューブ（P107）……1個
冷凍和風だしキューブ（P15）……1個
しょうゆ……小さじ½

作り方

❶ 耐熱ボウルに全ての材料を入れ、ふんわりとラップをして電子レンジで2分～2分30秒加熱し、沸騰させる。

❷ ❶をよく混ぜながら冷ます。

MEMO
干ししいたけのうまみをたっぷり染み込ませた中華風煮物。れんこんとえびの歯応えはよく噛んで味わえます。とろみをつけて軟飯にかけて中華丼風にしてもOK。

いわしのつみれ汁

材料

冷凍和風ミックス野菜②キューブ（P99）……1個
冷凍つみれ（P106）……3個
冷凍和風だしキューブ（P15）……2個
みそ……小さじ1/3

作り方

① 耐熱ボウルに全ての材料を入れ、ふんわりとラップをして電子レンジで2分〜2分30秒加熱し、沸騰させる。

② ❶をよく混ぜながら冷ます。

MEMO
つみれはまとめて作っておくと、汁物だけでなく、そのまま焼いても、衣をつけて揚げてもおいしいのでおすすめ。

にんじんのチヂミ

材料

Ⓐ
- 冷凍にんじんキューブ（P101）……2個
- 冷凍カットハム（P107）……10g

片栗粉……大さじ1/2
薄力粉……大さじ1
しょうゆ……少々
サラダ油……少量

作り方

① 耐熱ボウルにⒶを入れ、ふんわりとラップをして電子レンジで1分30秒〜2分加熱し、沸騰させ、冷ます。

② 別のボウルに片栗粉、薄力粉を入れてよく混ぜ、❶を汁ごと加え、混ぜる。

③ フライパンにサラダ油を熱し、❷を入れて両面焼き、食べやすい大きさに切って、しょうゆをたらす。

厚揚げの麻婆

材料

冷凍和風ミックス野菜②キューブ（P99）……1個
冷凍厚揚げキューブ（P107）……20g
冷凍ミートボール（P105）……1個
しょうゆ……小さじ1/3
鶏がらスープの素……小さじ1/4
片栗粉……小さじ1/3

作り方

① 冷凍ミートボールは解凍し、粗く崩す。

② 耐熱ボウルに片栗粉以外の材料、水大さじ1を入れ、ふんわりとラップをして電子レンジで2分〜2分30秒ほど加熱し、沸騰させる。

③ ❷に水小さじ1で溶いた片栗粉を加え、よく混ぜて冷ます。

治部煮

材料

冷凍和風ミックス野菜①キューブ（P98）……1個
鶏もも肉……15～20g
片栗粉……少々
しょうゆ……小さじ1/3

MEMO
和風ミックス野菜は、にんじん、大根、玉ねぎ、里いもが入っているので、和風の煮物にぴったり。あらかじめ加熱しているので煮ものも短時間で完成！

作り方

1. 鶏肉は皮と脂を取り除き、1cm角に切り、片栗粉をまぶす。
2. 耐熱ボウルに全ての材料、水大さじ1を入れ、ふんわりとラップをして電子レンジで2分～2分30秒加熱し、沸騰させる。
3. 1をよく混ぜながら冷ます。

白身魚の和風あんかけ

材料

冷凍和風ミックス野菜②キューブ（P99）……1個
白身魚……15～20g
しょうゆ……小さじ1/3
片栗粉……少々

MEMO
青菜をメインに組み合わせた和風野菜ミックスは、炒め物、あんかけの具としても便利。チャーハンの具にもぴったりです。

作り方

1. 白身魚はペーパータオルで包み、余分な水分を拭き取り、小さく切り、片栗粉をまぶす。
2. 耐熱ボウルに全ての材料、水大さじ1を入れ、ふんわりとラップをして電子レンジで1分30秒～2分加熱し、沸騰させ、よく混ぜながら冷ます。

ごぼうと鶏肉のそぼろ

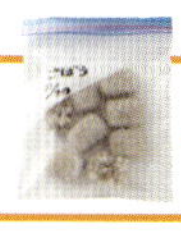

材料

冷凍ごぼうキューブ（P100）……1個
鶏もも肉……15～20g
しょうゆ……小さじ1/4
砂糖……小さじ1/4

MEMO
しょうゆや砂糖を少量加えて、和風の煮物に。ごぼうはうまみが強いので、鶏肉と一緒に煮るだけで十分おいしい一品に。お好みでいんげんなどを加えても。

作り方

1. 鶏肉は皮と脂を取り除き、細かく切る。
2. 耐熱ボウルに全ての材料、水大さじ1を入れ、ふんわりとラップをして電子レンジで2分～2分30秒加熱し、沸騰させ、よく混ぜながら冷ます。

れんこんの和風つくね

材料

冷凍れんこんキューブ（P100）……1個
玉ねぎ（みじん切り）……小さじ1
豚ひき肉……15～20g
片栗粉……小さじ1
しょうゆ……小さじ¼
砂糖……小さじ¼
サラダ油……少量

作り方

❶ 耐熱ボウルに冷凍れんこんキューブ、玉ねぎを入れ、ふんわりとラップをして、電子レンジで1分30秒～2分加熱し、沸騰させる。ひき肉、片栗粉を加えて混ぜ、ひと口大の平たい丸にする。

❷ フライパンにサラダ油を熱し、❶を両面焼き、しょうゆ、砂糖、水小さじ1を加えて絡める。

煮込みハンバーグ

材料

冷凍洋風ミックス野菜①キューブ（P98）……1個
冷凍ミートボール（P105）……3個
トマトケチャップ……小さじ⅓
中濃ソース……小さじ¼

作り方

❶ 耐熱ボウルに全ての材料を入れ、ふんわりとラップをして電子レンジで2分～2分30秒加熱し、沸騰させる。

❷ ❶をよく混ぜながら冷ます。

MEMO
キャベツ、トマト、玉ねぎ、じゃがいもの洋風野菜ミックスは、煮込みハンバーグなどの煮込み料理にぴったり。スープにも◎。

えびボールの中華あんかけ

材料

冷凍和風ミックス野菜②キューブ（P99）……1個
冷凍えびボール（P106）……3個
鶏がらスープの素……小さじ¼
片栗粉……小さじ⅓

作り方

❶ 耐熱ボウルに片栗粉以外の材料、水大さじ1を入れ、ふんわりとラップをして電子レンジで2分～2分30秒加熱し、沸騰させる。

❷ ❶に水小さじ1で溶いた片栗粉を加え、よく混ぜながら冷ます。

MEMO
青菜の和風ミックス野菜は中華風のあんかけに。えびボールの他にミートボール（P105）でもおいしい！ とろみは片栗粉で。

厚揚げと根菜の炒め煮

 ＋  ＋  ＋ 

根菜たっぷりだから、食物繊維が補える

材料

冷凍厚揚げキューブ（P107）……1個
冷凍ごぼうキューブ（P100）……1個
冷凍れんこんキューブ（P100）……1個
冷凍和風だしキューブ（P15）……1個
しょうゆ……小さじ½

作り方

❶ 耐熱ボウルに全ての材料を入れ、ふんわりとラップをして電子レンジで2分～2分30秒加熱し、沸騰させる。

❷ ❶をよく混ぜながら冷ます。

MEMO
ごぼう、れんこんの根菜の組み合わせは、しっかりと噛む練習になるので、とり入れたいメニューです。

ビタミン・ミネラル

きのこのミルクスープ

 ＋ 

ミックスきのこに入ったきのこのうまみがおいしい

材料

冷凍ミックスきのこキューブ（P99）……1個
牛乳……50ml
鶏がらスープの素……小さじ⅓
とろみのもと（BF／粉末）……適量

作り方

❶ 耐熱ボウルにとろみのもと以外の材料を入れ、ふんわりとラップをして電子レンジで1分30秒～2分加熱する。

❷ ❶にとろみのもとを加え、よく混ぜながら冷ます。

MEMO
ミックスきのこはうまみたっぷりなので、牛乳と鶏がらスープの素を加えてレンチンするだけで中華風ミルクスープの完成です。

青菜のおかか和え

 ＋ 

かつお節の風味が、しょうゆ味によく合う！

材料

冷凍青菜キューブ（P100）……1個
かつお節……大さじ1
しょうゆ……小さじ⅓

作り方

❶ 耐熱ボウルに冷凍青菜キューブを入れ、ふんわりとラップをして電子レンジで1分～1分30秒ほど加熱し、沸騰させる。

❷ ❶にかつお節、しょうゆを加えてよく混ぜながら、冷ます。

MEMO
青菜キューブはおひたしはもちろん、和え物、炒め物、スープにも便利。かつお節としょうゆで和えるだけで、満足な一品に。

フリージングで!

1才～1才半頃の献立カレンダー

ほとんどの食材が食べられるようになり、自分で食べる練習もしていきましょう!

いよいよ離乳食も仕上げの時期。献立も主食、主菜、副菜を揃えて、大人の献立に近づけていきます。

1才～1才半頃の離乳食ステップアップ!

炭水化物

ごはん、パン、うどん、パスタなどほとんどのものが食べらる時期。野菜や肉、魚介、豆などと組み合わせるのが◎。

たんぱく質

肉はひき肉だけでなく、薄切り&1cm角の肉、加工肉も食べられるように。魚介はさばやえびもしっかり加熱すればOKです。

ビタミン・ミネラル

今までの野菜に加えて、きのこや海藻類、たけのこなど食物繊維の多い野菜もOK。細かく刻んで少量から始めましょう。

1日3回食

1日3回食に加えて、1～2回のおやつを。スプーンやフォークを使う練習も!

1日3回の食事のリズムを大切にして、生活リズムを整えましょう。栄養のほとんどは離乳食からとるようになるので、栄養バランスを考えた献立を考えましょう。3食の離乳食だけでは栄養が不足するため、1～2回のおやつをとり入れます。

献立のPOINT3

1
大人と同じようなメニューもOK。ただし、薄味を守って。

ハンバーグやカレーライス、ハヤシライスなど、大人と同じようなメニューに。ただし、味つけはごく薄味にして、塩分過多にならないように気をつけましょう。

2
おやつは第4の食事。ただし、栄養を補うものとして考えて

おやつは3食では補えないエネルギーや栄養をとり入れるためのもの。お菓子というよりは、おにぎりやパン、蒸したさつまいも、果物など、食事に近いものが理想的です。

3
ばっかり食い、ムラ食いの時期。あせらせないで気長に

この時期の特徴として、ばっかり食いやムラ食い、遊び食いなど、赤ちゃん特有の食べ方が見られる頃。よくあることなので、焦らず気長に見守ってあげましょう。

月〜金までフリージングならラクラク！

1週間のフリージング！

フリージングがおすすめ！

1 冷凍和風ミックス野菜①キューブ →作り方P98

2 冷凍洋風ミックス野菜②キューブ →作り方P99

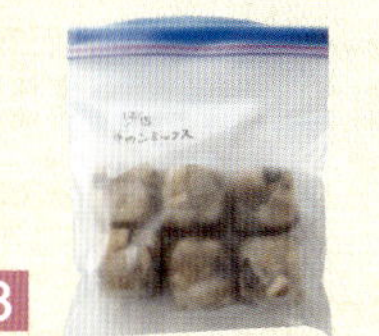

3 冷凍きのこミックスキューブ →作り方P99

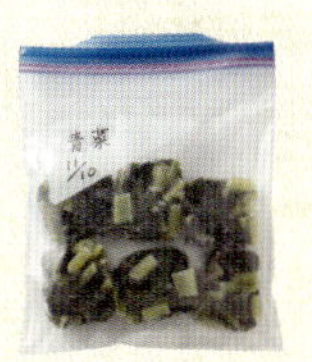

4 冷凍青菜キューブ →作り方P100

5 冷凍アボカドキューブ →作り方P100

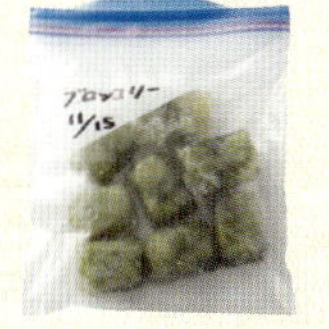

6 冷凍ブロッコリーキューブ →作り方P101

7 冷凍きくらげキューブ →作り方P101

8 冷凍軟飯キューブ×2or3 →作り方P104

9 冷凍マカロニキューブ →作り方P104

10 冷凍えびキューブ →作り方P107

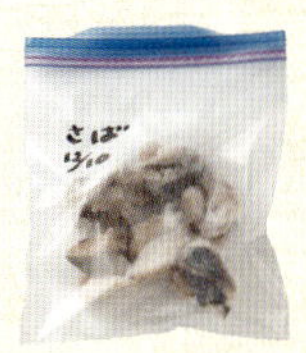

11 冷凍ひと口さば →作り方P107

12 冷凍和風だしキューブ→作り方P15

「ミックスフリージングがあれば、いろいろなメニューのバリエーションが広がる！」

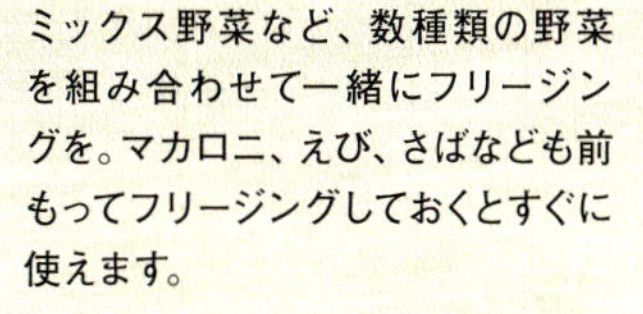

ミックス野菜など、数種類の野菜を組み合わせて一緒にフリージングを。マカロニ、えび、さばなども前もってフリージングしておくとすぐに使えます。

段取りMEMO

1. 軟飯とだしを作り、マカロニをゆでる。
2. きくらげをぬるま湯で戻して切る。
3. 野菜、きのこ、えび、さばを切る。
4. えび、さばをゆでる。
5. 野菜、きのこをレンチンする。
6. ❶、❷、❹、❺を冷凍する。

MEMO

キューブが余ったときは？

赤ちゃんの素材フリージングは、1週間で食べきるのがきほん。でも、全てを使いきれなかったときは、大人の食事に利用するのがおすすめです。例えば、5、6ヵ月頃の野菜のペーストなら、スープと牛乳を加えてポタージュスープに。7、8ヵ月頃、9〜11ヵ月頃の刻み野菜や肉、魚も汁物や炒め物に使いましょう。1才〜1才半の素材フリージングは、食材はやわらかめですが、大人用の食事にそのまま使えるので便利です。

MONDAY 月曜日

フレンチトースト

材料と作り方

❶ 食パン（6枚切り）¾枚は耳を切り落として4等分に切る。バットに溶き卵½個分、牛乳40ml、砂糖小さじ½を入れてよく混ぜ、食パンを浸す。
❷ フライパンにバター5gを熱し、❶を両面弱火で焼く。

いろいろフルーツヨーグルト

材料と作り方

❶ バナナ½本は1cm幅の輪切りにして4等分に切る。
❷ 器に❶、プレーンヨーグルト80g、皮をむいたぶどう10粒を入れ、よく混ぜる。

MEMO ほんのり甘いフレンチトーストは、食パンに卵と牛乳を染み込ませて焼いているから、たんぱく質の摂取にも。フルーツヨーグルトはビタミンとカルシウム補給に。

えびとブロッコリーのショートパスタ

材料と作り方

❶ 耐熱ボウルに6、9、10各1個、水大さじ1を入れ、ふんわりとラップをして電子レンジで2分～2分30秒加熱し、沸騰させる。
❷ ❶にホワイトソース（BF／粉末）、バター少量を加え、よく混ぜながら冷ます。

きのこのミルクスープ→作り方P115

材料　3×1個、牛乳50ml
鶏がらスープの素小さじ⅓
とろみのもと（BF／粉末）適量

軟飯

材料と作り方

耐熱ボウルに8 2個、水大さじ½を入れ、ふんわりとラップをして電子レンジで3分～3分30秒加熱し、よく混ぜながら冷ます。

やわらか豚汁

材料と作り方

❶ 豚ロースしゃぶしゃぶ用肉15～20gは脂を取り除き、1cm幅に切る。油揚げ⅙枚は油抜きして短冊切りにする。
❷ 耐熱ボウルに❶、1 1個、みそ小さじ¼、水大さじ1を入れ、ふんわりとラップをして電子レンジで2分～2分30秒加熱し、沸騰させる。
❸ ❷をよく混ぜながら冷ます。

さばのカレー炒め

材料と作り方

❶ 耐熱ボウルに11 1個を入れ、ふんわりとラップをして電子レンジで1分～1分30秒加熱する。
❷ ❶に子ども用カレールウ小さじ½を加え、和える。

青菜のおかか和え→作り方P115

材料　4×1個、かつお節大さじ1、しょうゆ小さじ⅓

TUESDAY 火曜日

アボカドとバナナのシリアル

材料と作り方

① 耐熱容器に[5]1個を入れ、ふんわりとラップをして電子レンジで加熱して解凍し、粗熱をとる。
② 器にコーンシリアル（無糖）大さじ3、❶、プレーンヨーグルト10g、輪切りにしたバナナ½本分（50g）を入れて混ぜる。

ミニトマト 4つにカット2個分

牛乳 1杯（50ml）

MEMO アボカドとバナナは食物繊維が豊富で栄養価も高いので、朝食にぴったり。ヨーグルトを加えてシリアルでいただきます。ミニトマトは小さく切って食べやすく。

2
回目

きのこのハヤシライス

材料と作り方

① 牛赤身薄切り肉15〜20gは脂を取り除き、1cm幅に切り、片栗粉適量をまぶす。
② 耐熱ボウルに❶、[3]1個、トマトケチャップ大さじ½、バター小さじ½を入れ、ふんわりとラップをして電子レンジで2分〜2分30秒加熱し、沸騰させる。
③ ❷をよく混ぜながら冷まし、温めた[8]2個と一緒に器に盛る。

スティックきゅうり ⅓本分（皮はむく）

MEMO ハヤシライスはスプーンを使って食べる練習に最適。牛肉に片栗粉をまぶすので自然にとろみもつきます。きゅうりは手づかみ食べできる長さに切ってあげましょう。

軟飯→作り方P118

材料 [8]×2個

鮭のクリームシチュー

材料と作り方

① 鮭15〜20gはペーパータオルで包み、余分な水分を拭き取り、3等分に切り、薄力粉少々を薄くまぶす。
② 耐熱ボウルに[2]1個、❶、水大さじ2を入れ、ふんわりとラップをして電子レンジで2分〜2分30秒加熱し、沸騰させる。
③ ❷にホワイトソース（BF／粉末）2本を加えてよく混ぜながら、冷ます。

みかん 6粒（薄皮はむく）

WEDNESDAY 水曜日

しらすおにぎり→作り方P102

材料　8×3個、7×1個、しらす25g、子ども用ふりかけ小さじ½

やわらか豚汁→作り方P118

材料　1×1個、豚ロースしゃぶしゃぶ用肉15～20g
油揚げ⅙枚、みそ小さじ¼、水大さじ1

MEMO やわらか豚汁は、油揚げをプラスしてコクとカルシウムをプラスします。具だくさんの汁物なら、一緒に食べるのはおにぎりで十分。きくらげを加えて食感にアクセントを。

2
回目

クッパ

材料と作り方

❶ 豚ロース薄切り肉15gは脂を取り除き、細かく切る。
❷ 耐熱ボウルに1、8各1個、❶、鶏がらスープの素小さじ¼、水大さじ2を入れ、ふんわりとラップをして電子レンジで2分～2分30秒加熱し、沸騰させる。
❸ ❷をよく混ぜながら冷ます。

スティックりんご　⅙個分（皮をむく）

MEMO 豚肉と和風ミックス野菜、ごはん、うまみだしを耐熱ボウルに入れてレンチンするだけで栄養満点の一品に。お好みで少量のしょうゆとごま油をたらすと、より本格的な味。

シーフードグラタン

材料と作り方

❶ 耐熱ボウルに2、9、10各1個を入れ、ふんわりとラップをして電子レンジで2分～2分30秒加熱し、沸騰させる。
❷ ❶にホワイトソース（BF／粉末）2本を加えてよく混ぜたら耐熱容器に移し、パン粉小さじ½を散らしてオーブントースターでうっすらこげ目がつくまで焼く。

ブロッコリーと卵のサラダ

材料と作り方

❶ 耐熱ボウルに6 1個を入れ、ふんわりとラップをして電子レンジで1分～1分30秒加熱し、沸騰させ、冷ます。
❷ ❶にゆで卵⅓個（20g）、マヨネーズ小さじ½、プレーンヨーグルト小さじ1を加え、卵をくずしながらよく混ぜる。

THURSDAY 木曜日

スティックトースト→作り方P91

材料 6枚切りの食パン1枚

ふわふわオムレツ

材料と作り方

❶ ボウルに溶き卵⅔個分、マヨネーズ大さじ½を入れてよく混ぜる。
❷ フライパンにサラダ油小さじ½を熱し、❶を流し入れ、オムレツの形に焼く。

青菜の炒め

材料と作り方

❶ 4 1個は電子レンジで加熱し、解凍する。
❷ フライパンにオリーブ油小さじ½を熱し、❶を炒め、塩小さじ¼を加えてよく混ぜる。

牛乳 1杯(50ml)

えびピラフ

材料と作り方

❶ 耐熱ボウルに6、8、10各1個を入れ、ふんわりとラップをして電子レンジで2分~2分30秒加熱し、沸騰させる。
❷ ❶に洋風だし(BF/粉末)½袋、バター3gを加え、よく混ぜながら冷ます。

野菜スープ

材料と作り方

耐熱ボウルに2 1個、鶏がらスープの素小さじ½、水大さじ3を入れ、ふんわりとラップをして電子レンジで1分30秒~2分加熱し、沸騰させる。

軟飯 材料 8×2個→作り方P118

きのこたっぷり焼きポテトコロッケ

材料と作り方

❶ 耐熱ボウルに3 1個を入れ、ふんわりとラップをして電子レンジで1分30秒~2分加熱し、沸騰させる。熱いうちに豚ひき肉15g、乾燥マッシュポテト(市販)大さじ1、塩小さじ⅕を加え、よく混ぜる。
❷ ❶をふんわりとラップをして電子レンジで1分~1分30秒加熱し、沸騰させたら粗熱をとる。
❸ ❷をひと口大に丸め(フォローアップミルク適量を加えて、鉄の強化をしても)、パン粉適量をまぶし、オーブントースターで焼き色がつくまで焼く。

やわらか野菜サラダ

材料と作り方

グリーンリーフ½枚を5mm幅に切り、塩少量とオリーブ油小さじ⅓で軽く和え、器に盛り、ミニトマト1個を4等分に切ってのせる。

FRIDAY 金曜日

フルーツシリアル

材料と作り方

❶ バナナ½本は輪切りにし、りんご⅛個は7mm角に切る。
❷ ボウルに❶、コーンシリアル（無糖）大さじ1、牛乳50mlを入れ、混ぜる。

ブロッコリーと卵のサラダ→作り方P120

材料 6×1個、ゆで卵⅓個（20g）
マヨネーズ小さじ½、
プレーンヨーグルト小さじ1

MEMO シリアルはこの時期おすすめの食材。牛乳でしっとりさせて。緑黄色野菜と卵のサラダを添えてバランスよく。マヨネーズは少なめに、ヨーグルトでカルシウムをプラス。

タコライス風ごはん

材料と作り方

❶ 耐熱容器に8 1個を入れ、ふんわりとラップをして電子レンジで2分～2分30秒加熱する。熱いうちに5 1個をのせ、解凍させる。
❷ ボウルに牛そぼろ（下記参照）20g、輪切りにしたきゅうり15g、❶のアボカド、トマトケチャップ大さじ½を入れて混ぜ、器に盛った軟飯にかける。

【牛そぼろの材料と作り方】
フッ素樹脂加工のフライパンで牛ひき肉20gを炒め、しょうゆ、砂糖各小さじ⅓、水小さじ½を加えて水分を飛ばすように炒めたら、冷ます。

みかん 6粒（薄皮をむく）

えび玉丼

材料と作り方

❶ 耐熱ボウルに3、7、10各1個、鶏がらスープの素小さじ¼、水大さじ1を入れる。ふんわりとラップをして電子レンジで2分～2分30秒加熱し、沸騰させ、よく混ぜたら、溶き卵½個分を加えて混ぜる。
❷ フライパンにサラダ油少量を熱し、❶を入れて焼く。
❸ 耐熱ボウルに8 1個を入れ、ふんわりとラップをして電子レンジで2分～2分30秒加熱して器に盛る。
❹ ❸に❷をのせ、トマトケチャップ少量をつける。

ブロッコリーの中華スープ

材料と作り方

❶ 耐熱ボウルに6 1個、粗みじん切りにした玉ねぎ20g、鶏ひき肉15～20g、戻して2～3cm幅に切った春雨30g、絹ごし豆腐30g、塩小さじ¼、水大さじ2を入れ、ふんわりとラップをして電子レンジで1分30秒～2分加熱し、沸騰させる。
❷ ❶をよく混ぜながら冷ます。

具合が悪いときの離乳食

赤ちゃんが体調を崩したときにおすすめの、症状別に回復を早める離乳食をご紹介します。
フリージングしている食材があれば、同量の分量にして使ってもOKですよ。

症状1 風邪をひいたとき

咳、鼻水、発熱などの症状には、ビタミン類が豊富な離乳食を。

7、8ヵ月頃 にんじんのおかゆ

材料

10倍がゆ（P20）……大さじ2
にんじん（すりおろし）……大さじ½
にんじんジュース……大さじ½

MEMO

発熱のときは、水分補給が一番なので、にんじんジュースとにんじんのすりおろしを加えたおかゆで免疫力をアップさせて。

作り方

❶ 耐熱ボウルに10倍がゆ、水けをきったにんじん、にんじんジュース、水大さじ2を入れ、ふんわりとラップをして電子レンジで1分～1分30秒加熱し、沸騰させる。
❷ ❶をよく混ぜながら冷ます。

9～11ヵ月頃 かぼちゃ豆腐のとろとろうどん

材料

ゆでたうどん……大さじ2
かぼちゃ（皮は除く）……大さじ1
絹ごし豆腐……大さじ2

MEMO

風邪のときは、体力を回復させたいので、ビタミンの他にたんぱく質の補給も必要。豆腐は消化のよいたんぱく源です。

作り方

❶ 耐熱ボウルに全ての材料、水大さじ1を入れ、ふんわりとラップをして電子レンジで1分～1分30秒加熱し沸騰させる。
❷ ❶をフォークでつぶしながらよく混ぜ、冷ます。

1才～1才半頃 とろとろバナナパンがゆ

材料

食パン（6枚切り）……½枚
バナナ……¼本
溶き卵……½個分
牛乳……50ml

MEMO

バナナや卵、牛乳と栄養満点の食材を組み合わせれば、風邪の治りも早くなります。赤ちゃんの様子を見て与えて。

作り方

❶ 食パンは耳を切り落として1cm角に切り、バナナも1cm角に切る。
❷ 耐熱ボウルに溶き卵、牛乳を入れてよく混ぜ、❶を加えてふんわりとラップをして電子レンジで1分～1分30秒加熱し、沸騰させる。
❸ ❷をよく混ぜながら冷ます。

Q&A

病気のとき、5、6ヵ月頃の赤ちゃんはどうする?

病気になると胃腸の働きも弱くなるので、食欲低下や下痢・吐き気を伴うことがあります。食欲がないときは、無理せず離乳食をお休みしましょう。ただし、脱水症予防は必要なので、こまめな授乳を行います。

症状2 下痢・嘔吐のとき

おさまるまでは絶食か、こまめな水分補給をしましょう。

7、8ヵ月頃 お麩とかぼちゃのおじや

材料

10倍がゆ(P20)……2個
かぼちゃ(皮は除く)……10g
麩……2個

作り方

❶ 麩は手で細かくつぶす。
❷ 耐熱ボウル全ての材料、水大さじ1を入れ、ふんわりとラップをして電子レンジで2分〜2分30秒加熱し、フォークでつぶしながらよく混ぜ、冷ます。

MEMO
吐き気がおさまったら、おじやを少しずつ食べさせながら様子を見ましょう。

9〜11ヵ月頃 白身魚と野菜のとろとろスープ

材料

冷凍5倍がゆキューブ(P72)……1個
白身魚(刺身用)……15g
冷凍ほうれん草(すりおろし)……5g
冷凍野菜だしキューブ(P15)……2個

作り方

❶ 耐熱ボウルに全ての材料を入れ、2分〜2分30秒加熱し、沸騰させる。
❷ ❶をよく混ぜながら冷ます。

MEMO
白身魚も消化のよいたんぱく質。ほうれん草とおかゆを一緒に煮込んだおじや風なら、弱った胃腸にもやさしいです。

1才〜1才半頃 ささみのポトフ

材料

鶏ささみ……15g
じゃがいも……10g
にんじん……10g
冷凍うまみだしキューブ(P15)……2個

作り方

❶ ささみは7mm角に切る。じゃがいも、にんじんは皮をむいて芽を取り除き、5mm角に切る。
❷ 耐熱ボウルに❶、冷凍うまみだしキューブを入れ、ふんわりとラップをして電子レンジで2分〜2分30秒加熱し、沸騰させる。
❸ ❷をよく混ぜながら冷ます。

MEMO
鶏ささみは消化吸収がよいので、下痢のときに。吐き気が続いているときはたんぱく質は避けてスープのみにします。

Q&A

便秘で食欲がないときはどうする？

お腹のマッサージや、浣腸などで外部から刺激をします。排便を促すには、水分、糖分、脂肪、食物繊維などが必要です。便秘は長引かせないことが大切なので、早めに小児科を受診しましょう。

症状3 便秘のとき

便秘のときは、メニュー内容を工夫して。

7、8ヵ月頃 バナナとさつまいものスープ

材料

さつまいも……20g
バナナ……20g

作り方

❶ さつまいもは皮を厚めにむき、1cm角に切って水にさらし、アク抜きをする。バナナはすりつぶす。
❷ 耐熱ボウルに❶、水大さじ2を入れ、ふんわりとラップをして電子レンジで1分～1分30秒加熱し、沸騰させる。
❸ ❷をよく混ぜながら冷ます。

MEMO
バナナとさつまいもには食物繊維がたっぷりなので、腸を動かして排便を促します。少し水分を多めにするとさらに◎。

9～11ヵ月頃 納豆の和風スープパスタ

材料

納豆……20g
長ねぎ……15g
オクラ……15g
マカロニ（ゆでたもの）……50g
冷凍和風だしキューブ（P15）……2個
しょうゆ……小さじ⅓

作り方

❶ 長ねぎはみじん切りにし、オクラは2cm幅に切る。
❷ 耐熱ボウルに全ての食材、水大さじ1を入れ、ふんわりとラップをして電子レンジで1分30秒～2分加熱し沸騰させる。
❸ ❷をよく混ぜながら冷ます。

MEMO
ねばねば食材のオクラや納豆にも食物繊維がたっぷり。便をすべらせ、便秘を解消します。

1才～1才半頃 きのこリゾット

材料

えのきだけ……15g
長いも……15g
調整豆乳……50ml
和風だし（BF／粉末）……小さじ½
みそ……小さじ⅓

作り方

❶ えのきだけは粗みじん切りにする。長いもはすりおろす。
❷ 耐熱ボウルに全ての材料を入れ、ふんわりとラップをして電子レンジで1分～1分30秒加熱し、沸騰させる。
❸ ❷を混ぜながら冷ます。

MEMO
えのきだけなどのきのこ類やねばねば食材の長いもを組み合わせた便秘解消リゾット。お腹にやさしい一品です。

Q&A

夏バテで気をつけることはありますか?

できるだけ生活リズムをくずさずに朝型の生活リズムを心がけます。暑いときは、エアコンなどで温度、湿度を調整して過ごしやすくしてあげましょう。汗をかいたらこまめに着替えたりシャワーなどで皮膚を清潔にします。

症状4 夏バテのとき

食欲が落ちてしまったら、口当たりがよく栄養のあるものを。

7、8ヵ月頃 トマトとツナのそうめん

材料

そうめん（ゆで）……30g
ツナ缶（水煮）……15g
トマト……20g

MEMO
そうめんは短時間でやわらかくなり、消化もいいから、おすすめです。ツナでたんぱく質もとり入れて。

作り方

❶ トマトは皮を湯むきし、ヘタと種を取り除き、5mm角くらいに切る。
❷ 耐熱ボウルに刻んだそうめん、湯通ししたツナを入れ、ふんわりとラップをして電子レンジで1分～1分30秒加熱し、沸騰させ、粗熱をとる。
❸ ❷にトマトを加えて混ぜ、冷ます。

9～11ヵ月頃 春雨卵スープ

材料

溶き卵……½個分
パプリカ……20g
レタス……20g
春雨（ゆで）……30g

MEMO
チュルチュル吸いやすい春雨スープは、食欲のない日にぴったり。卵と野菜をたっぷり加えれば、栄養バランスも◎です。

作り方

❶ パプリカは皮をむき、7mm角くらいの粗みじん切りにする。レタスは細切りにする。
❷ 耐熱ボウルに刻んだ春雨、パプリカを加え、ふんわりとラップをして電子レンジで40秒～1分加熱し、沸騰させる。
❸ ❷に溶き卵を加え、ふんわりとラップをして電子レンジで1分～1分30秒加熱し、再度沸騰させ、レタスを加えて混ぜる。

1才～1才半 サラダうどん

材料

うどん（ゆで）……60g
ハム……15g
きゅうり……20g
にんじん……20g
鶏がらスープの素……小さじ⅓

MEMO
食欲のないときこそ、冷たい麺がおすすめ。ハムやきゅうり、にんじんなどの具をのせて冷やし中華風にしても。

作り方

❶ うどんは粗めに刻む。ハム、皮をむいたきゅうり、にんじんは5mm幅、2cm長さの拍子木切りにする。
❷ 耐熱ボウルに❶、鶏がらスープの素、水大さじ2を入れ、ふんわりとラップをして電子レンジで1分～1分30秒加熱し沸騰させる。
❸ ❷を混ぜ、冷ます。

赤ちゃんも大喜び♪

アニバーサリー離乳食

赤ちゃんの記念日「ハーフバースデー」&「1才バースデー」。
かわいい離乳食でとっておきのお祝いを。

赤ちゃんとママにとっておきのお祝いを

はじめて迎える我が子の記念日。日頃から育児をがんばっているパパやママ、赤ちゃんの成長をお祝いしてあげましょう。

MEMO
生まれてから6ヵ月を迎えた記念に、ハーフバースデーが人気。離乳食の10倍がゆや野菜のピューレでデコレションを楽しみましょう。

6ヵ月のお祝いに

カラフル離乳食プレート

白、緑、黄色がカラフルでキュート! 赤ちゃんも大喜び!

材料

10倍がゆ(P20)
……20g
かぼちゃペースト(P22)
……30g
小松菜ペースト
(P24 ◉使うときは)
……15g
とろみのもと
(BF/粉末)……少々

作り方

❶ かぼちゃペースト、小松菜ペーストのそれぞれに、とろみのもとを加える。

❷ マフィン用のセルクルに10倍がゆ→かぼちゃペースト→おかゆを順に入れて重ね、ケーキを作る。

❸ ❷のセルクルを外し、器にのせ、器まわりや、ケーキの上にかぼちゃペーストと小松菜ペーストでデコレーションする。ジッパーつき保存袋のSサイズにピュレを入れて、下の角を少し切り、デコレーションしてもよい。

MEMO
はじめてのバースデーケーキは、手作りで愛情がいっぱい詰まったパンケーキを。二段に重ねて真ん中にロウソクを立てます。

1才のお祝いは

パンケーキプレート

クリームチーズが隠し味。まわりにフルーツをのせてごきげん!

材料

●チーズパンケーキ
ホットケーキミックス……50g
クリームチーズ……20g
溶き卵……½個分
牛乳……50~70ml

●デコレーション用
水きりヨーグルト(右記参照)
……適量
バナナ……¼本
みかん……3房
ぶどう……3~4個

作り方

❶ ボウルにチーズパンケーキの材料を入れて混ぜ、フライパンにペーパータオルに含ませたサラダ油適量(分量外)を塗り、パンケーキを作る。

❷ ❶をお好みの形の、大と小のサイズの型で型抜きし、器に重ね、水きりヨーグルトでデコレーションする。

❸ バナナは輪切りにし、みかんは薄皮をむく。ぶどうは半分に切り、❷の周りにのせる。

水きりヨーグルトの作り方

ボウルにザル、ペーパータオルの順に重ね、プレーンヨーグルト適量をのせ、冷蔵庫に入れて一晩おく。

●監修
太田百合子（おおたゆりこ）

管理栄養士
東京「こどもの城 小児保健クリニック」で栄養相談や離乳食講座などの担当を経て、現在は大学や専門学校の非常勤講師をはじめ、指導者向け、保護者向け講習会の講師、育児雑誌や書籍の監修などでも活躍。わかりやすく親しみやすい、赤ちゃんやママに寄り添った栄養指導に定評がある。著書は「なんでも食べる子になる 1歳、2歳からの偏食解消レシピ」（実業之日本社）、「やさしくわかる 月齢別 離乳食のきほん事典」（西東社）などがある。

●料理
上島亜紀（かみしまあき）

料理家・フードコーディネーター&スタイリストとして女性誌を中心に活動し、企業のレシピ監修、提案も行う。パン講師、食育アドバイザー、ジュニア・アスリートフードマイスター取得。料理教室「A's Table」を主宰。著書に「鍋ごとオーブンで、ごちそう煮込み料理」（学研プラス）などがある。

STAFF
撮影　千葉充
デザイン／DTP　羽田野朋子
調理アシスタント　常峰ゆう子
編集協力／構成協力　丸山みき（SORA企画）
編集アシスタント　岩本明子（SORA企画）／大森奈津
イラスト　藤井恵
編集担当　遠藤やよい（ナツメ出版企画）

まとめて冷凍！→アレンジするだけ！　スグでき！ 離乳食アイデアBOOK

2017年12月 7日　初版発行
2020年 1月20日　第４刷発行

監修者　太田百合子
発行者　田村正隆

発行所　株式会社ナツメ社
東京都千代田区神田神保町1-52　ナツメ社ビル1F（〒101-0051）
電話　03（3291）1257（代表）　FAX　03（3291）5761
振替　00130-1-58661
制　作　ナツメ出版企画株式会社
東京都千代田区神田神保町1-52　ナツメ社ビル3F（〒101-0051）
電話　03（3295）3921（代表）
印刷所　図書印刷株式会社

ISBN978-4-8163-6333-7　Printed in Japan

本書に関するお問い合わせは、上記、ナツメ出版企画株式会社までお願いいたします。

〈定価はカバーに表示してあります〉〈落丁・乱丁本はお取り替えいたします〉